Accompagner les adolescents

Ont participé à cet ouvrage

Emma Barron
Stéphane Blocquaux
Mireille Cosquer
Jean-Pierre Couteron
Dominique Depenne
Éric Fiat
Patrice Huerre
Philippe Jeammet
Catherine Jousselme
Martin Julier-Costes
Muriel Lascaux
Léonard Lorimy
Daniel Marcelli
Maela Paul
Jean-Pierre Rosenczveig

Introduction

Patrick Cottin

L'adolescence est une période énigmatique et, parfois, une épreuve pour l'entourage de celui qui traverse cet âge de la vie, entre l'enfance et l'âge adulte. Si le terme même d'« adolescence » est récent dans l'histoire de l'humanité, ce passage a, de tout temps, été marqué par des rites justement dits « de passage ». Organisés traditionnellement par la communauté des adultes, qui intègrent ainsi les enfants dans leur « société », ils peuvent l'être aujourd'hui par les adolescents, qui, en se reconnaissant, forment « société ».

Si l'on devait définir un invariant anthropologique de l'adolescence, sans doute serait-il à trouver dans le fait que le passage de la position d'enfant à la position d'adulte doit être signifié : faire l'objet de signes de reconnaissance pour les impétrants, mais aussi être reconnaissable par tous les membres de ladite société.

Or, le singulier « problème » de notre société occidentale contemporaine est l'allongement de la durée de ce temps de passage, qui en affaiblit les signes : l'adolescence s'étire au point qu'il devient impossible d'en repérer les portes d'entrée et de sortie. Entre la demande d'adolescence, c'est-à-dire de plus d'autonomie, des plus jeunes – parfois dès 9-10 ans – et la prise réelle de cette autonomie, notamment à l'égard des parents, les bornes sont devenues plus floues et plus instables que jamais. Il est important de préciser que le corps médical s'attache avec raison à préserver la borne d'entrée qu'est la puberté. Les modifications corporelles, le développement des capacités sexuelles de procréation et la naissance du désir pour l'autre ouvrent à une nouvelle dimension de l'être humain et des relations humaines.

Ajoutons à cela la quasi-disparition des prescriptions familiales et sociales de classe au profit d'une société plus ouverte, qui permet d'envisager des parcours de formation et de vie eux aussi plus ouverts, et nous comprenons l'incertitude dans laquelle l'adolescence contemporaine se vit, s'expérimente. Cette liberté nouvelle oblige l'adolescent à « s'inventer » et, corrélativement, renvoie à la responsabilité individuelle de l'échec, du mal-être, dans une société où la réussite, la performance et la compétition sont érigées en étendard.

S'il n'y a pas lieu d'être nostalgique, il importe en revanche de prendre en compte une double donnée : l'adolescence met en questionnement l'enfant, ses aspirations et son devenir adulte, mais aussi son entourage, en l'obligeant à changer de position à son égard et à passer de celle de l'éducation à celle de l'accompagnement. Ce passage, cette traversée, est un moment singulier et imprévisible, pour le jeune comme pour ceux qui cheminent depuis toujours à ses côtés.

Ses parents ne le reconnaissent plus : ils ne comprennent pas ses réactions, son absence de signes d'affection à leur égard, voire son hostilité. Ils sont souvent déroutés face à ce nouvel être qui, s'il reste leur enfant, n'est plus tout à fait un enfant mais pas encore un adulte (« celui qui a grandi »), comme nous le souligne l'étymologie même du mot adolescent (« celui qui est en train de grandir »). Ils sont partagés entre le souci et la responsabilité de continuer de protéger cet adulte en devenir et la nécessité de lui laisser la possibilité d'être plus autonome : de prendre des décisions le concernant, de faire des expériences de vie choisies, en toute sécurité.

Nous, les professionnels de l'éducation, de l'enseignement, du soin, de l'animation, de l'insertion, etc., sommes également démunis face à des situations de jeunes difficiles à appréhender et qui « empêchent » d'exercer sereinement le métier pour lequel nous nous sommes engagés, qui consiste à aider et à prendre soin d'autrui.

Il nous faut pour cela en savoir quelque chose, de cet autre à accompagner, sur le chemin difficile de l'émancipation et de l'épanouissement, dans des choix de vie que la société occidentale a considérablement ouverts, diversifiés. La mobilité sociale, professionnelle et territoriale offre des occasions dont nombre de jeunes se saisissent avec à-propos et brio. Les technologies de l'information et de la communication (TIC) apportent des outils et des connaissances particulièrement utiles et bénéfiques à la démocratisation du savoir à qui sait en faire usage au bénéfice de ses aspirations profondes. Mais elles offrent aussi des « prêts-à-penser » préjudiciables, entraînent des fractures générationnelles inédites et, parfois, des rencontres inappropriées (pornographie, harcèlement...).

La société de consommation et de surconsommation est aussi génératrice d'addictions. Elle offre des occasions de rencontre avec des produits psychoactifs (tabac, alcool, drogue) ou des objets (écrans) susceptibles d'entraîner des comportements addictifs. Ces usages peuvent alors venir colmater les peurs, le sentiment d'impuissance ou les déceptions, au moment où la question de l'idéal se pose particulièrement.

Il nous faut en savoir quelque chose, individuellement, pour être en mesure de repérer précocement les signes de ces possibles « mauvaises rencontres » et, de manière préventive, être aux côtés de cet adulte en devenir. Il ne s'agira pas alors d'orienter ses choix, mais de lui permettre de les faire en conscience, au moment où créativité et destructivité peuvent se confondre, s'entremêler au point que chacun s'y perde – lui comme nous – et de le perdre. Je cite souvent, de mémoire, cette phrase de Simone de Beauvoir, dans *Les Mandarins* : « À 15 ans, quand j'ai cessé de croire en Dieu, je me suis condamnée à mort. » Le rapport à notre finitude, à la mort, sa découverte par l'expérience de la vie, le décès d'un proche ou d'un ami, les lectures obligent l'adolescent à reconsidérer son être au monde, la place qui lui est assignée par ses croyances ou celles de sa sphère familiale, sociale ou religieuse, et leurs prescriptions.

Il s'agit également de considérer que cet adulte en devenir s'inscrit, comme nous, dans un monde social fait de règles et de législations qui encadrent, pour permettre ce vivre ensemble dont la société française s'enorgueillit à raison. Sans oublier, comme le souligne la très belle conclusion de cet ouvrage, que l'être humain est le seul être vivant à savoir « qu'il aurait pu ne pas être et qu'il ne sera plus » : c'est la force et la fragilité de notre humanité.

Il nous faut aussi en savoir quelque chose, collectivement, pour mieux prendre en compte, entre professionnels, de manière coordonnée et pluridisciplinaire, les différentes difficultés que peut rencontrer un adolescent dans cette traversée, longue et périlleuse. Le propos n'est pas d'être totalisant, au sens de vouloir contrôler l'ensemble des pans de sa vie, mais de lui proposer des espaces de rencontre qui seront autant de liens sur lesquels il pourra s'appuyer.

Mieux se connaître entre professionnels de différentes institutions et structures, de différents métiers, en partageant un espace de réflexion à la fois théorique et clinique est un réel enjeu. Cela permet de mieux appréhender les organisations, les métiers, les modes d'action, les missions, les mandats de chacun et les limites de ses interventions pour mieux orienter les jeunes, à bon escient et au bon moment.

Cette meilleure connaissance des problématiques des adolescents et des partenaires disponibles (MDA, mais aussi CJC, EPE, CMP…) permet au fond de prendre en compte ce mécanisme psychique qui fait que, parfois, nous ne voyons pas ce qui serait à voir : d'une part, parce que cela nous est impensable – d'où la dimension formatrice des temps de réflexion partagée – et, d'autre part, parce que nous ne savons qu'en faire, avec qui le partager ni vers qui orienter non seulement le jeune, mais aussi l'embarras qu'il nous procure.

1

Accompagnement éthique et critique du technicisme

Dominique Depenne

« La technicisation a rendu précis et frustres les gestes que nous faisons, et du même coup aussi les hommes. »

Theodor W. Adorno, *Minima Moralia*

Mettre en perspective les impératifs éthiques de l'accompagnement requiert de mettre à nu, dans le même mouvement, les logiques déshumanisantes de l'esprit techniciste qui envahit le champ des métiers de l'accompagnement depuis quatre décennies. Peut-on imaginer un accompagnement éthique digne de ce nom sans maintenir cette exigence critique, sauf à accepter de dégrader l'accompagnement en infâme prise en charge[1] ?

1. D. Depenne, *Éthique et accompagnement en travail social*, Montrouge, ESF, (2012) 2017. Voir le chapitre « L'infâme prise en charge ».

Défendre la dimension éthique du travail social nous oblige à déconstruire le technicisme ambiant, son discours, sa grammaire, ses clichés…

ÉTHIQUE ET ACCOMPAGNEMENT

Pour mieux repérer les enjeux fondamentaux de l'éthique dans le domaine de l'accompagnement, il nous faut pour commencer la « dés-identifier » des deux notions avec lesquelles on la confond trop souvent : la morale et la déontologie.

Morale et déontologie versus *éthique*

La morale – du latin *moralis,* « conforme aux bonnes mœurs » – est un ensemble de règles, de valeurs et de normes qui s'imposent de l'extérieur à l'individu. Ce dernier doit s'y conformer sous peine d'être sanctionné. Exclusive et excluante, elle veut s'appliquer à tous, standardiser les individus, leurs pratiques et leurs pensées. Or, Emmanuel Levinas insiste sur ce fait : l'éthique ne se pense qu'en rapport avec l'idée d'altérité. C'est une divergence de fond entre la morale et l'éthique.

La déontologie est une (petite) morale qui s'applique dans un champ d'activités particulier. Comme la morale, elle désire uniformiser les individus selon ses valeurs et s'impose à eux de façon coercitive. Or, Levinas le rappelle : « L'éthique ne doit rien aux valeurs. » Au contraire, « ce sont les valeurs qui lui doivent tout ». L'éthique a à voir avec l'« interhumain », avec la relation entre deux moi forcément distincts. La reconnaissance d'autrui freine ma volonté de persévérer dans mon être. L'exigence éthique m'oblige à l'accueillir dans son unicité. Chacun le sait, aucune relation ne se ressemble. L'absurdité et la supercherie technicistes sautent aux yeux : former aux relations humaines signifierait qu'il existe des relations types auxquelles on peut appliquer une même recette !

Face-à-face et accueil éthiques

Penser l'éthique, c'est donc penser la relation entre individus distincts. Il y a éthique chaque fois que l'autre me pose question en tant qu'il est et demeure irremplaçable. Si l'on réduit l'individu accompagné à n'être qu'un « être-su », on ne rencontrera rien d'autre que notre « pauvre petit savoir » déposé sur lui. Or, il est l'« absolument autre », différent de moi et riche de cette différence ; celui qui s'inscrit avec moi dans un face-à-face dans lequel je dois lui garantir les conditions pour ne jamais perdre la face. Accompagner une personne oblige à reconsidérer l'accueil. Il ne s'agit pas d'être « à la disposition d'autrui », mais « dans la disponibilité à autrui ». Si, au préalable, je pose un diagnostic sur lui et le réduis à un dossier, à un symptôme, j'exclus toute possibilité de rencontre authentique. Une relation éthique ne peut donc pas débuter par le savoir, la connaissance, mais par la reconnaissance. L'humanité commence avec « Bonjour » ! Elle réclame de renverser les termes de l'accueil. « L'Autre est un hôte », écrit Levinas. La personne qui se présente à nous nous accueille.

En tant que travailleur social, je dois trouver des ressources pour répondre à son invitation. Autrement dit, le travailleur social est celui qui est accueilli.

ACCOMPAGNER, C'EST « ALLER DE COMPAGNIE AVEC »

« Aller » désigne ici un mouvement infini entre deux moi distincts, eux-mêmes infinis. C'est dire que la rencontre éthique, interhumaine, est infinie. L'homme est un mystère inépuisable. Là est sa dignité. Plus je m'approche d'autrui dans une attitude éthique, mieux je réalise tout ce qui m'échappe chez lui.

« De compagnie » : l'expression vient signifier la promesse de ne jamais exclure autrui de mon champ d'humanité ; l'engagement de ne jamais porter atteinte à sa dignité, à son intégrité, à sa singularité. Alors que la morale ou la déontologie exècrent la différence, l'éthique la célèbre comme une richesse.

« Avec » fait référence à l'idée d'altérité, sans laquelle l'éthique ne peut être pensée. Dès que j'entre en relation, la relation exige de moi la reconnaissance et le respect d'autrui. D'un point de vue éthique, ma singularité d'accompagnant ne vient pas de moi, elle m'est offerte par la personne que j'accompagne. Je contracte, vis-à-vis d'elle, une « responsabilité-pour-autrui » que personne ne peut assumer à ma place. La responsabilité éthique singularise.

Mais revenons au rapport entre éthique et savoir. Savoir n'est pas synonyme de penser, car penser, c'est rompre avec nos certitudes. Accepter de nous dé-boussoler de nos prêts-à-penser pour accueillir l'altérité. Tout ce que rejette l'idéologie techniciste, qui veut faire croire qu'elle possède un savoir absolu sur l'humain. Le savoir est une mainmise sur autrui, qui vise à détruire son altérité et transforme le présent de la relation en « main-tenant ».

Distance, fusion et proximité

L'esprit techniciste régnant actuellement dans les métiers du champ sanitaire et social est mû par l'obsession de la rationalisation de tout ce qui échappe, en premier lieu l'imprévisibilité humaine. Elle se manifeste, entre autres, par la nécessité de se mettre à distance des personnes accueillies, ce qui revient à les identifier comme des dangers. Or, aucune relation éthique n'est possible dans la mise à distance ! Ceux qui prétendent le contraire sont des menteurs, cette « bonne distance » n'étant du reste jamais définie. En revanche, ce discours instaure un rapport de domination au bénéfice de l'accompagnant, qui s'autoproclame ainsi détenteur d'un savoir… inexistant !

Par ailleurs, on a tendance, par abus ou par confusion, à opposer frontalement distance et proximité, et à associer cette dernière à la fusion. Or, la proximité s'oppose conjointement à la distance et à la fusion, laquelle repose sur l'indistinction quand la relation exige la distinction (l'expression « relation fusionnelle » est un contresens parfait). L'unique « lieu » de la relation éthique est la proximité, l'infinie approche du prochain. La proximité éthique repose sur la logique du « jamais assez proche » et rejette toute idée de possession. Rencontrer l'autre nécessite de l'accueillir non tel que l'on voudrait qu'il soit, mais tel qu'il est, et d'accepter la séparation radicale entre les individus. Cette loi de l'hospitalité[2] exige qu'autrui ne soit ni mis à distance ni pris dans la fusion[3].

L'infamie de la prise en charge/en compte

La notion de prise en charge, elle, obéit à une logique de « possession d'autrui » : elle implique que ce dernier soit vécu comme un objet prenable, non comme un sujet ayant sa propre histoire, sa propre sensibilité. Il n'est plus qu'un exemplaire semblable aux autres, auquel on va appliquer les mêmes recettes technicistes, et reçoit l'injonction de « ne plus être lui-même » et de s'en remettre à des experts qui prétendent mieux le connaître que lui. Enfin, il n'est plus qu'une « charge » pour les autres. La logique de la prise en charge dépersonnalise tous les individus, y compris le travailleur social : devenu un servile fonctionnaire, il accepte d'être réduit à sa seule fonction et applique à tous

2. D. Depenne, *Éthique et accompagnement en travail social*, *op. cit.* Voir le chapitre « La loi de l'hospitalité ».

3. D. Depenne, *Distance et proximité en travail social*, Montrouge, ESF (2013) 2017.

les mêmes raisonnements et les mêmes pratiques. Quant à ceux qui brandissent la notion de prise en compte pour – prétendument – s'opposer à celle de prise en charge, ils oublient qu'elle aussi véhicule l'idéologie de la prise de possession et laisse entrevoir le fait qu'il serait possible de ne pas prendre en compte la personne. Conditionner ainsi la considération d'autrui, c'est imaginer pouvoir échapper à une responsabilité imposée par l'éthique.

CRITIQUE DU TECHNICISME

L'esprit techniciste, qui ne respecte pas et ne reconnaît pas la singularité des personnes accompagnées, contribue à déshumaniser l'accompagnement.

Le technicisme : l'esprit de notre temps

Le terme désigne le fait de donner la primauté aux logiques techniciennes (scientistes et marchandes) sur l'humain, de les présenter comme un horizon indépassable. C'est un état d'esprit qui ramène tout à l'évaluation du rendement et à l'objectivité, un système exclusivement régi par la recherche de l'efficacité et le culte de la performance. Cela passe par une rationalisation de tout ce qui peut y contrevenir, en premier lieu l'humain, y compris dans le champ du travail social. Afin de répondre au diktat de la performance, les professionnels appliquent les recettes qui leur sont imposées, au risque de trahir ce qui, pourtant, les avait orientés vers ce domaine professionnel : l'accompagnement de personnes fragilisées. Pour rendre le travail social rentable, c'est-à-dire transformable en marchandise – l'idée, très libérale, de prestation de services vient l'attester –, il fallait transformer la subjectivité des travailleurs sociaux et les faire adhérer à cette logique, ce que le sociologue Michel Chauvière nomme « chalandisation[4] » des esprits. Et rendre ainsi les individus, les pensées et les pratiques semblables, comme si les professionnels étaient des clones, de même que les personnes accompagnées.

Le bluff techniciste

Le grand renversement réalisé par l'idéologie techniciste consiste à ne plus concevoir la technique comme une aide pour l'homme, mais l'homme comme un appendice de la technique. Le professionnel idéal n'est plus celui qui fait preuve d'initiatives et de réflexion clinique, il est un exécutant qui ne pense plus son action et accepte sa propre dépersonnalisation. Toutes ses relations étant médiatisées par la technique, il ne se sent plus responsable, ne ressent aucune culpabilité à effectuer des actes anti-éthiques et pense « se réaliser » en se conformant à l'ordre qui l'asservit.

Dégradation de l'humain et dénaturation de la souffrance

En dégradant l'humain en procédures, grilles et catégories, le technicisme finit par dénaturer

4. M. Chauvière, *Trop de gestion tue le social. Essai sur une discrète chalandisation*, Paris, La Découverte, 2007.

la souffrance. Or, insiste le philosophe Theodor W. Adorno, « le besoin de faire s'exprimer la souffrance est condition de toute vérité. Car la souffrance est une objectivité qui pèse sur le sujet[5]. » Si le travail social étouffe la souffrance, il ne sera plus en prise avec la vérité, mais face à un objet qu'il aura recomposé au regard de critères établis selon des catégories faisant fi de la réalité des personnes. Le technicisme, qui n'est rien d'autre qu'une administration technique de l'humain, participe à la dégradation de l'accompagnement en prise en charge. L'objectivité qu'il prétend atteindre est une supercherie. Elle n'est possible que via la défiguration de l'humain et la dénaturation de la souffrance, transformés en marchandises référencées et cessibles.

Le discours techniciste

Rationnel et clos sur lui-même, le discours techniciste s'attaque à toute autre affirmation, qu'il vit comme une critique. En ce sens, il fonctionne comme la morale. En outre, il fascine en promettant maîtrise et résultats. Celui qui le possède se sent appartenir à une communauté professionnelle qui lui offre la reconnaissance. Managers, optimiseurs et experts passent pour des prophètes ! Mais ce discours voile la réalité en construisant une nouvelle grammaire qui ensorcelle les consciences. Il n'est jamais neutre d'emprunter des catégories de

---

5. Th. W. Adorno, *Dialectique négative*, Paris, Payot, 2003.

pensée au monde marchand et libéral. Or, c'est ce que fait le travail social depuis quatre décennies…

Prenons l'exemple de la « démarche qualité ». Qui refuserait de faire de la qualité ? Le piège, c'est que, pour les apologues du technicisme, cela implique d'adhérer à l'idée qu'ils s'en font, c'est-à-dire à entrer dans des référentiels définissant les « bonnes pratiques » : la pratique est dite « bonne » si elle entre dans les référentiels prédéterminés (par qui ? avec quelle légitimité ?), ce que doit confirmer l'évaluation (par qui ? avec quelle légitimité ?). Autrement dit, la bonne pratique est celle qui exclut les autres… Toutes ces notions, on le comprend, fonctionnent en circuit fermé et s'autoalimentent. Dans les faits, l'accompagnant ne doit plus faire preuve d'initiative, mais appliquer les recettes prescrites, comme si toutes les personnes accompagnées étaient identiques. L'imagination, la clinique, la réflexion collective sont bannies de cet univers. En s'emparant de la qualité, l'idéologie techniciste réussit un tour de force majeur : elle s'approprie une notion a priori inattaquable et s'autoproclame seule autorité légitime dans ce domaine. D'autres notions et logiques prégnantes dans le champ du travail social sont imprégnées elles aussi par ce culte de la performance[6] : la logique du projet, par exemple, exerce unc tyrannic qui pcut conduirc lc profcssionncl, au nom des objectifs qu'il doit atteindre, à négliger le

6. D. Depenne, « Le management, singe moderne du taylorisme d'antan », *Lien social*, n° 1200, 2017.

respect des personnes. Témoin la tendance, dans le travail avec les personnes sans domicile, à leur trouver d'emblée une orientation – « Quel est votre projet ? » – au détriment de l'aspect humain de l'accueil, qui en est pourtant le préalable. Toutes ces notions ont la particularité d'être foncièrement anti-éthiques. D'où mon appel à un « nouvel esprit pour le travail social[7] » afin d'imaginer un « autrement » à partir de trois piliers : l'exigence éthique, l'égalité sociale et l'émancipation individuelle.

Conclusion

Certes, il est plus « simple » de suivre le courant que de refuser ces logiques déshumanisantes. Mais chacun est responsable de ce qu'il pense, cautionne et admet. L'histoire du travail social ne se termine pas avec la dérive néolibérale actuelle. Chacun, selon ses moyens, peut, et doit, s'extraire de l'illusion techniciste et se réapproprier cette éthique qui exige le respect inconditionnel de l'humanité des personnes accompagnées. La rencontre éthique débute par l'accueil d'autrui, dans sa différence comme richesse, dans la proximité et nulle part ailleurs. Le technicisme aura beau développer ses (pseudo)théories objectivistes et construire un ersatz du travail social, quelque chose échappera toujours à son emprise chosifiante. Ce quelque chose a un nom : l'« humain ».

---

7. D. Depenne, *Utopie et rencontre éthique en travail social*, Montrouge, ESF, 2017.

2

Ce qu'accompagner veut dire

Maela Paul

Je vais réfléchir avec vous à ce qu'accompagner veut dire. Je dis bien « réfléchir », parce que ce sujet ne doit pas nous tranquilliser, mais nous questionner. Que faisons-nous, au juste, quand nous « accompagnons » ? En posant cette question, je voudrais introduire la dimension éthique de notre action. Je vais tenter de le faire en m'intéressant au phénomène social qu'a constitué l'émergence de cette notion dans les pratiques professionnelles et dans les discours politiques, à partir des années 1990-2000. Nous ne pouvons pas nous contenter de dire « Pour moi, accompagner, c'est... », nous devons confronter notre propre conception à celle des autres. L'accompagnement n'est pas une pratique individuelle mais sociale, donc une construction collective.

Dans les années 1995-2000, la plupart des sociologues, Marcel Gauchet entre autres, dressent le tableau d'une société en crise. Plusieurs crises se sont succédé après la Seconde Guerre mondiale.

La première, dite « éducative », a lieu autour des années 1950. Elle secoue les grandes institutions que sont la famille, l'école et la religion. La religion, certes, ne remplissait plus sa fonction « contenante » depuis longtemps. Mais la famille entre elle aussi en crise en tant qu'institution : elle subit à la fois les premiers grands éloignements géographiques et, surtout, une crise de l'autorité. Entre « Tu fais ce qu'on te dit » et « Tu es assez grand pour savoir ce que tu dois faire », le passage est brusque. Quant à l'école, rendue obligatoire (en France, en 1882), elle finit par connaître, si l'on peut dire, les revers de son élargissement massif. Auparavant, seule une élite avait accès à l'instruction. Mais, dès lors qu'elle impose le même programme à toute une classe d'âge, c'est en son sein que se fait la sélection. À l'école comme en famille, la notion d'autorité est contestée, et le phénomène s'amplifie jusqu'aux événements mémorables de Mai 1968. Cette crise éducative est suivie d'une crise économique, autour des années 1970 et des premiers chocs pétroliers, puis d'une crise politique dans les années 1980-1990, avec la chute du mur de Berlin. Leur succéderont des crises environnementales, sociétales, écologiques, puis humanitaires. Le monde tel qu'il fonctionnait avant-guerre n'a plus cours. Toutes ces crises signent la faillite des grandes institutions, « la fin des grands intégrateurs », pour reprendre l'expression du sociologue Yves Barel. Le travail, par exemple, n'est plus une institution contenante depuis la crise économique : il « lâche » les personnes. Aucun adulte ne peut plus imaginer faire carrière « dans la même boîte », comme on le disait autrefois, en gravissant un à un tous les échelons. Tous connaissent des « transitions socioprofessionnelles » plus ou moins désirées, plus ou moins anticipées. Le langage des compétences impose sa loi.

Si l'école, la famille, la religion perdent de leur influence, la politique et le syndicalisme ne fédèrent plus. Cette faillite impose aux individus une plus grande autonomie : chacun doit avoir la capacité de faire face à sa situation, de se prendre en main et de tisser des liens sociaux. Cette autonomie n'a rien à voir avec celle, intellectuelle, prônée par Kant (« Oser penser par soi-même »), pour qui la personne autonome est celle qui a mis sa pensée au travail afin de se libérer des préjugés et des opinions reçues, qui a confronté sa pensée à celle des autres et développé un esprit critique. La « pensée élargie », c'est-à-dire débattue avec d'autres, est pour lui la clé de l'émancipation du citoyen. Or, aujourd'hui, l'autonomie est devenue une injonction qui s'adresse à tous. Souvent pragmatique, matérialiste, elle suppose de savoir « gérer » ou « régler » ses propres difficultés, pour « s'en sortir ». Elle est imposée par l'extérieur et ne relève plus d'une aspiration individuelle. C'est une norme, un devoir : chacun « doit » être autonome.

Dans les années 1990, une nouvelle logique sociale se met en place. Elle succède à celle de l'État providence, à qui l'on reproche d'avoir maintenu dans un état d'assistanat quantité de personnes en les catégorisant – la stigmatisation est la pire des disqualifications – plutôt que de les avoir véritablement aidées à s'émanciper des situations qui sont les leurs. Cette nouvelle logique sociale qui consiste non plus à travailler *sur* ou *pour* autrui, mais à travailler *avec* la personne, c'est cela « accompagner ». L'accompagnement ne relève pas de dispositions personnelles à la bienveillance ou à l'empathie (même si elle les suppose). C'est une nouvelle pratique sociale, un nouveau mode de régulation sociale. Les institutions qui comptent dans leurs missions un service d'accompagnement – dont elles confient la mise en œuvre à leurs professionnels – doivent s'inscrire dans des orientations politiques qui les valident. Cette logique sociale, à forte dominante pédagogique, est centrée sur la personne. Elle impose aux professionnels de rompre avec les anciennes postures, soutenues par des logiques de prise en charge.

Trois concepts vont nous permettre de comprendre ce qu'accompagner veut dire : ceux de socialisation, d'autonomisation et d'individualisation. Ces notions sont interdépendantes, mais je vais les traiter une par une et éclairer les conséquences méthodologiques de leur prise en compte dans le champ de l'accompagnement.

La socialisation

Accompagner, c'est d'abord constituer un espace de socialisation, créer une relation qui institue la personne dans un espace public, et prendre appui sur elle et sur son projet, à partir de la situation qui est la sienne. Cette perspective souligne l'importance de la place du sujet, un sujet acteur, appelé à se prendre en main. Toute la littérature sur l'accompagnement insiste sur cette notion de sujet acteur, auteur de son parcours, capable de projets et d'autonomie. Il ne s'agit plus de prendre en charge une personne déficiente, de raisonner sur ses manques, mais de partir de son potentiel d'autonomie, de sa capacité à dire « je » si on lui en donne l'occasion. Sa situation n'est pas décrite par un tiers, surtout pas par des experts, mais par elle-même – y compris si c'est un adolescent ou un enfant –, de son point de vue. Autre implication méthodologique de cette nouvelle logique : pour qu'un véritable espace de socialisation se crée, la relation doit tendre à l'égalité dans le dialogue, malgré l'inégalité des places. Le professionnel, par exemple, ne vise pas à prendre le pouvoir sur la personne en dictant d'autorité ce qui doit être fait ou en proposant une solution qui serait censée « régler la situation » comme on règle un dossier. Il ne s'agit plus pour lui de diriger, ni même de conseiller (ce qui peut être une manière déguisée de donner des ordres). Sa posture est celle d'un facilitateur. L'accompagnant crée les conditions pour que l'accompagné soit en mesure de dire ce qu'il vit dans la situation qui est la sienne, et ce à quoi il aspire… La dimension relationnelle est au fondement de tout accompagnement : elle est première.

L'AUTONOMISATION

C'est le deuxième concept clé. Il n'y a guère d'accompagnement qui n'ait pour visée l'autonomie. Œuvrer à l'autonomisation des autres exige d'être autonome soi-même, c'est-à-dire d'avoir la capacité de repérer préjugés et opinions, et de mettre sa pensée au travail. Tant que l'on n'a pas réfléchi aux concepts qui nous dirigent, il est difficile d'agir de façon cohérente. La relation d'accompagnement nécessite de développer une pensée réflexive, de faire un retour sur ses propos : « Quand je dis ça, je dis quoi ? » Cela demande aussi de renoncer à exercer une maîtrise sur la situation de l'accompagné. L'expertise ne tient plus dans le fait de régler en lieu et place de l'autre ce qui fait/pose problème (dans sa situation), d'après soi-même. Il s'agit, au contraire, de créer pour lui les conditions pour s'exprimer en tant qu'être autonome et, puisqu'on ne part pas des déficiences mais des ressources, de prendre appui sur ces dernières et de nourrir une autonomie *déjà là.* L'autonomisation de la personne accompagnée n'est possible que si la relation instaurée lui permet de « dire et de s'entendre dire » ce qu'elle dit, et si elle rencontre une certaine écoute. Cette écoute suppose de la part du professionnel qu'il n'enferme pas la personne accompagnée dans ses propres représentations, mais qu'il l'amène à conscientiser « ce qu'elle dit en disant ce qu'elle dit » : « Tu me dis que tu aimerais avoir plus de liberté, mais c'est quoi, pour toi, avoir plus de liberté ? » C'est dans ce contexte relationnel que vont se développer la capacité langagière, le travail de symbolisation – c'est-à-dire la capacité de mise en mots d'un vécu d'abord « brut d'affects », et, à la suite, des possibilités d'action autonome. L'accompagnant qui adopte cette posture se révèle un « inducteur de réflexivité ». Il conduit une personne à se questionner et à prendre conscience d'une intériorité où les choses mûrissent. Il est donc aussi un « inducteur d'intériorité ».

L'INDIVIDUALISATION

Ce troisième concept nous amène à considérer le caractère singulier de chaque individu. Nous assistons aujourd'hui à une poussée de l'individualisation, qui se caractérise notamment par des normes sociales nouvelles faisant pression sur la personne pour qu'elle prenne elle-même des décisions ou des initiatives. Cette tendance ne laisse pas indemnes les pratiques sociales, dont celles de l'accompagnement. L'individualisation désigne donc un processus par lequel les acteurs cherchent à définir eux-mêmes leur existence, ce qu'ils sont de toute façon fortement incités à faire. Parler d'individualisation, ce n'est donc pas parler du « traitement » personnalisé d'un dossier. C'est envisager la prise en compte de la singularité de chacun : lorsqu'on avance – l'accompagnement est un cheminement –, c'est chacun à son rythme, avec sa singularité, sur son propre chemin. La relation d'accompagnement crée les conditions pour que celui que j'accompagne prenne conscience de sa singularité. Certes, il partage des choses avec les uns et les autres, mais il a aussi des points de vue particuliers. Cette prise de conscience est indispensable pour qu'il puisse dire « je » et prendre la parole en groupe. L'individualisation n'est pas synonyme d'accompagnement individuel. Cela signifie que, dans un collectif, on ne perd pas de vue la singularité de chacun, ce qu'il peut apporter en propre, son éventuelle difficulté par rapport au projet commun. Bien mener un accompagnement collectif suppose de créer les conditions pour que cette singularité s'exprime, ainsi qu'un climat propice à l'entraide entre participants. La pratique d'accompagnement, qui amène à valoriser la singularité de chacun, n'est pas l'application d'un protocole standard. La personne accompagnée s'invente « chemin faisant ». Le professionnel agit en tant que vecteur d'une parole incitative à la réflexivité, c'est-à-dire à faire retour sur ce qui est dit.

INDIVIDUALISME *VERSUS* INDIVIDUALITÉ

L'individualisme, la priorité de l'atome individuel sur le tout collectif, est un mode de gestion politique qui se fonde sur cette idée moderne que chacun doit pouvoir répondre des situations qui sont les siennes. Au sens éthique, il fait de la personne un point de référence insubstituable. Il ne faut pas confondre l'individualisme, qui peut réduire chacun à son histoire et à son projet, avec l'individualité, à savoir la singularité de chacun et sa manière inédite de prendre part au monde.

À rester collés au vocabulaire professionnel, nous avons tendance à confondre des mots proches comme « individualisme » et « individualité », « autonomie » et « indépendance ». D'où la nécessité de mener une réflexion sur ce que véhicule notre terminologie. Comment puis-je prendre en considération la personne dans son individualité sans confondre ce travail avec la gestion politique qui vise à enfermer chacun dans « son projet » ? Dans notre pratique professionnelle, il faut pouvoir injecter autre chose dans ce mode de gestion : la singularité de chacun, son génie propre.

Nouvelle logique sociale, l'accompagnement doit s'engager dans des perspectives humanisantes. C'est notre défi. Cela demande que chacun d'entre nous, en tant qu'individu et collectivement, s'attelle à ce travail de réflexion : que fait-on ensemble, que produit-on réellement, derrière les mots ? Comment recevoir une commande et la rendre humanisante ? Comment réfléchir et chercher la marge de jeu possible pour introduire cette dimension, dans un contexte qui ne vise, apparemment, que le résultat ? Comment détourner, transgresser le cadre pour y insuffler de la vie ? Comment y introduire de la parole, du dialogue et de la considération pour les personnes, leurs situations, leurs projets ? Et pour quel monde travaillons-nous ?

L'accompagnement, même soumis à des orientations politiques, stratégiques et budgétaires, reste une chance. Une chance d'être au plus près de la personne et de créer les conditions pour qu'elle se révèle à elle-même, ce qui la rend absolument singulière et donc inimitable : « irremplaçable », dirait Cynthia Fleury. Certes, on ne peut négliger la dimension politique et l'injonction qui nous est faite, mais il y a une manière d'y répondre sans viser immédiatement le résultat. La socialisation réintroduit la dimension du lien social. Elle ménage la possibilité de prendre des respirations. Il faut savoir les saisir.

« Bonjour, je voudrais une rencontre interhumaine avec vous »

Anne Le Pennec

Il parle depuis plus d'une heure. L'amphithéâtre plein à craquer est suspendu au fil de son discours épicé de bons mots. « L'éthique sans Lévinas, c'est comme le Tour de France sans vélo. Ça marche moins bien. » Dominique Depenne, docteur en sociologie politique et chef de service éducatif, parle en marchant, marche en parlant, s'anime et s'amuse : « Est-ce qu'on cherche à se rendre conformes ? Ou est-ce qu'on essaie d'exister en tant qu'individus ? » Dénonçant tour à tour les logiques identificatoire et de chosification de l'individu à l'œuvre dans beaucoup d'institutions, il plaide pour une relation interhumaine assumée et appelle les professionnels à exercer leurs facultés d'étonnement à chaque rencontre. « L'humanité commence avec "Bonjour", affirme-t-il. Un vrai "Bonjour", qui ne porte pas atteinte à l'intégrité ni à l'altérité de la personne. » Dans le travail social, poursuit Dominique Depenne, « l'accompagnant est un hôte, c'est-à-dire celui qui est accueilli, car l'autre lui a adressé une souffrance, une difficulté ou une fragilité. La demande de la personne peut parfois s'arrêter là : rencontrer. » Lorsque les termes « dossier électronique », « usagers » et « projet » font irruption dans la conversation, il se délecte : « Je commence par flinguer lequel ? La tyrannie des dossiers, électroniques ou pas, fait partie du processus de chosification de l'autre. Cela va à l'encontre d'une relation éthique. » Et de raconter une anecdote puisée dans sa vie de chef de service : « Deux éducatrices sont venues me dire qu'elles n'avaient rien dans le dossier d'une personne. "Quelle chance ! leur ai-je répondu. Prenez un temps pour discuter avec elle, c'est elle qui connaît le mieux son histoire." » Quand le conférencier dénonce le virage vers une relation marchande de type « prestation de service », l'assemblée applaudit. On lui fait passer une question sur l'éthique de l'acte. « Je ne sais pas ce que cela veut dire. L'éthique revient à se poser la question de l'autre, point barre. » « Logique techniciste », « tyrannie de l'évaluation », « infâme prise en charge »... Le propos est vindicatif, les mots choisis pour marquer. « Tout de même, certains demandent explicitement à être pris en charge », ose un participant. « Je ne crois pas qu'ils cherchent à être pris, comme des choses », réaffirme Dominique Depenne. Sur la notion de projet, dont une participante rappelle qu'elle est au cœur de la plupart des formations en travail social, il se montre moins catégorique. « Le projet est intéressant s'il permet de renforcer la cohésion entre les personnes de l'équipe. Mais, avec les bonnes pratiques, les référentiels et la démarche qualité dans son ensemble, il participe à définir une nouvelle grammaire du travail social et nous forge l'esprit. C'est l'asservissement techniciste de l'accompagnant que je condamne. Cela étant, l'histoire n'est pas terminée. Le travailleur social peut résister. » Grâce à l'éthique, justement, qui prône l'art délicat de la proximité.

Maela Paul, docteur en sciences de l'éducation, invite elle aussi à s'interroger sur ce que l'on fait vraiment quand on accompagne et sur les mots utilisés pour en parler. « Usager », « partenaire » : comment nommer l'accompagné ? « “Usager” est une notion juridique, rappelle-t-elle. Le vocabulaire reflète l'injonction politique. La confusion actuelle vient du manque de clarification des mots employés. » Recevoir une commande institutionnelle et la traduire en démarche humanisante, chemin faisant avec la personne, voilà l'enjeu de l'accompagnement. « Quitte à transgresser parfois, pour insuffler de la vie et de la souplesse dans le cadre imposé. Faute de quoi l'on passe à côté de l'accompagnement qui, même soumis à une injonction politique, reste une chance d'être aux côtés de la personne. » Être à la bonne place, ni trop près ni trop loin et hors de tout rapport de séduction… Un doigt se lève : « Comment faire ? » Maela Paul rappelle que l'accompagnement est tissé de rapports et de liens, complémentaires. « Le rapport fait référence à la fonction de chacun, instituée une fois pour toutes et non interchangeable. L'un est le bénéficiaire, l'autre le professionnel. Le lien, quant à lui, s'établit de personne à personne. Le rapport est l'occasion d'introduire du lien. Le va-et-vient doit être permanent entre ces deux postures. » Un éducateur en foyer réagit : « Notre rôle n'est-il pas aussi de transmettre des valeurs sociales ? » Oui, l'accompagnement vise à aboutir à une situation respirable pour la personne et viable pour la société. Mais, les commandes étant normées, c'est un enjeu pour les professionnels de se situer par rapport à ces normes, « pour ne pas les subir », insiste-t-elle. Lorsque l'accompagnement est imposé, pointe une éducatrice en service de protection de l'enfance, il est difficile de sortir du rapport pour pénétrer dans le territoire du lien. « L'injonction percute la philosophie de l'accompagnement, reconnaît la formatrice. Mais si l'accompagnant ne fausse pas compagnie à ces jeunes, ils vont peut-être passer du "à quoi bon ?" au "pourquoi pas ?". C'est la preuve, déjà, qu'il se passe quelque chose. » L'accompagnement peut débuter par un refus « parce qu'il commence là où en est la personne », souligne-t-elle. Une psychologue évoque d'une voix pâle son travail avec des mineurs incarcérés après un parcours en familles d'accueil et en foyers. « Eux semblent ne jamais être prêts, car les accompagnements se sont succédé, fractionnés, sans que jamais le lien ne s'établisse », constate-t-elle avec émotion. « Il faut être fort individuellement et collectivement pour affronter cette croyance qu'aucun accompagnement n'est possible », commente Maela Paul, avant de poursuivre : « Créer de la continuité malgré les discontinuités est déjà une forme d'accompagnement. On peut toujours se demander quelle serait, dans cette situation actuelle, la plus petite chose modifiable et non délégable ? C'est parfois très peu, comme se tenir avec l'autre en baissant la garde. » Une psychologue de la protection judiciaire de la jeunesse demande le micro : « L'accompagnement remet en question le vécu d'abandon de l'adolescent. Il me semble que nous pouvons être l'objet qu'il jette pour vérifier qu'il revient. En restant présents, nous leur signifions qu'ils sont importants pour nous. Pour moi, il y a des pulsions de vie derrière ces réactions de rejet. » Silence dans le vaste amphithéatre du Conservatoire de Nantes. « Merci, simplement, pour ce témoignage, glisse la conférencière. Rien d'autre. »

3

Conduites de retrait : du repli à l'isolement

Patrice Huerre

« On m'avait annoncé une conversation, et me voilà seul à parler ! » Voilà ce que l'adolescent vit parfois. Des interlocuteurs bienveillants lui demandent : « Dis-moi ce qui ne va pas, je suis là pour t'aider. » Il est alors sommé de parler, avant de savoir ce que l'adulte pense à son sujet. Beaucoup, dans ces cas-là, restent prudents : ne pas trop exposer ses pensées tant que l'on ne sait pas qui va les accueillir. N'est-ce pas la moindre des choses ? Dans la vie courante, on ne s'adresse pas à un inconnu pour lui livrer sa vie intime. On fait d'abord connaissance. Lors de ce préalable, on apprécie petit à petit ce qui peut être dit ou pas. On flaire l'interlocuteur. Ces mécanismes de silence, relevant de la part de l'adolescent du repli stratégique, de l'impossibilité de mettre en mots ses pensées, nous renvoient à notre posture professionnelle. Comment s'y prendre alors ? Doit-on se mettre au diapason, rester soi-même silencieux jusqu'à ce qu'il parle ? Ceux qui adoptent cette position constatent que le jeune revient rarement à leurs consultations... Ou décide-t-on de meubler le silence ? Dans ce cas, il y a fort à parier que l'adolescent, s'il est bienveillant, écoute poliment jusqu'au moment où l'adulte décide que la consultation est terminée. Avec l'idée de ne pas revenir...

La conversation présente l'avantage de donner à saisir un peu de ce que l'interlocuteur attend et permet d'adapter progressivement son propos à ce qu'il est possible d'évoquer avec lui. Dès les premiers temps de la vie, les choses se passent ainsi, par la captation de messages subtils : mimiques, gestes, tonalités de la voix. Le tout-petit les saisit chez le parent et tente, à mesure que ses compétences se développent, d'y ajuster son message : qu'attend cette personne qui le regarde, lui sourit, lui parle ? Que veut-elle ? Comment lui répondre ? De même, le parent se demande ce qui pourrait intéresser ce petit être qu'il ne connaît pas encore. Un tel ajustement se met en place très tôt. Il se réactive juste après le début de la puberté, au moment où un inconnu s'éveille en soi, dont on ne connaît pas les contours ni la substance, dont on explore les limites et les potentialités pour en identifier la réalité... La question de savoir ce qui peut intéresser l'autre se pose à nouveau à cet âge. En plongeant dans ses souvenirs, chacun peut percevoir que cet ajustement des relations à l'enseignant, aux parents, à l'éducateur ou au moniteur de sport n'a rien d'évident. Comme je me sentais seul quand, adolescent, on me demandait de monter sur l'estrade et de dire ce que je pensais de telle œuvre littéraire ou, pire, de telle question mathématique… Une envie de disparaître quand ce que l'autre attend de nous semble impossible à satisfaire et nous renvoie à notre impuissance, terrifiante, ou apparaît comme une persécution.

À L'ADOLESCENCE, DES APPARENCES TROMPEUSES

Tel adolescent ne quitte plus sa chambre, tel autre reste isolé dans la cour de récréation… Ces attitudes de retrait ne sont parfois que des apparences, et peuvent cacher des modes de relations très riches dans d'autres contextes. À l'inverse, certains adolescents extrêmement ouverts vont très mal. Par ailleurs, nous nous mobilisons bien plus pour un adolescent qui présente des troubles du comportement ou extériorise son agressivité que pour celui, seul au fond de la classe, qui peut être animé de pensées délirantes ou dépressives graves. Ce dernier devra attendre en moyenne trois ans avant le début des soins, alors que le premier sera immédiatement pris en charge. Méfions-nous de ce piège.

L'usage des SMS et des jeux vidéo en réseau fait partie intégrante de la vie des jeunes aujourd'hui. Lors de la première rencontre, il est intéressant d'aborder très vite cette question avec lui. Un adolescent qui répondrait : « Les SMS, très peu pour moi ; les jeux vidéo ? Ça ne m'intéresse pas du tout ! Internet, oui, si je me documente pour la classe… » serait aussi inquiétant que celui qui affirmerait envoyer 500 SMS par jour, la moyenne quotidienne en France étant de 86… Certains jeunes adoptent des comportements de retrait de la scène scolaire, sociale, voire familiale, et continuent d'être en lien très actif avec leurs pairs, de s'intéresser à de multiples sujets par d'autres canaux, de manière autonome.

Ce n'est pas parce qu'il ne se passe rien ou qu'il ne se dit rien (en apparence) au cours de la première rencontre que celle-ci ne présente aucun intérêt. À l'inverse, l'expérience montre que certains adolescents racontent des tas de choses sur leur vie sans investir la relation avec le professionnel ni dévoiler ce qui les occupe vraiment. Avec d'autres, on éprouve parfois le sentiment de n'avoir rien fait d'utile, alors que quelque chose s'est produit. La qualité de ce qui se joue ne s'évalue pas à la quantité de paroles prononcées ou d'informations factuelles énoncées. Pour évaluer le degré de gravité du retrait du jeune, on peut se référer à la nosographie et à la psychopathologie en élaborant des hypothèses : phobie, dépression, début de psychose, etc. Mais on peut aussi, si l'on est un peu entraîné, s'appuyer sur notre ressenti, c'est-à-dire sur ce que le patient nous fait éprouver quand nous sommes en relation avec lui. C'est un indicateur de ce qu'il peut vivre. De même, quand vous entrez pour la première fois dans une institution de soins ou un établissement scolaire, son ambiance imprime votre état d'esprit. Cette ambiance et ce qu'elle éveille en nous comme impressions – déprime, angoisse, tensions conflictuelles, rivalités – constitue un mode d'accès possible à ce qu'il s'y passe véritablement. Si les clivages dans l'équipe sont dominants, vous y trouverez probablement quelques cas de psychose, plus qu'ailleurs.

Face aux attitudes de retrait de l'adolescent, l'un des risques principaux est que le professionnel se mette aussi en retrait, poussé par un sentiment de « à quoi bon », et qu'il ait envie de quitter la scène. Imaginez : vous avez à peu près 1 an et trois mots à votre vocabulaire. Quelque chose vous fait peur mais, si l'on vous demande de dire ce qui ne va pas, vous en êtes incapable. Si les tentatives des adultes pour vous comprendre cessent faute de réponse de votre part, que faites-vous ? Vous finissez par abandonner la partie et adoptez une position de retrait, ce qui vous plonge dans une solitude douloureuse et vous renvoie à une vision désespérée de l'adulte. Ce retrait reflète une immense attente déçue. Il en va de même pour les adolescents.

Rencontrer un adulte qui s'affirme comme tel

Proposer à un adolescent, à l'issue d'une première rencontre, de revenir quand il le souhaite ne fonctionne pas ! Et pour cause : c'est lui demander de formuler une nouvelle demande, alors qu'il a déjà fait un effort héroïque pour franchir votre seuil. Revenir est une démarche en soi, à soutenir même si rien n'a été dit, si on le juge utile bien sûr. Le jeune a besoin d'un engagement de notre part car, au fond, il cherche l'adulte et, à travers sa réponse, le niveau d'intérêt et/ou de préoccupation que ce dernier a pour lui. Dans tous les sens du terme : même quand il nous provoque, il nous cherche, avec l'espoir, un peu fou, de nous trouver. Cette démarche est plus facile si le professionnel est vraiment présent lors de la rencontre et ne se comporte pas en simple récepteur. Présent en tant qu'adulte et en tant que personne, derrière son costume de professionnel. C'est encore plus vrai quand l'adolescent met en scène son retrait : cheveux devant les yeux pour voir sans être vu, tête baissée, regard détourné pour signifier ostensiblement qu'il n'a pas envie d'être là. Pourtant, il n'espère qu'une chose : rencontrer un adulte qui s'affirme comme tel et ne déserte pas, même en l'absence de dialogue. À un adolescent silencieux, nous pouvons dire : « Tout ce que vous ne m'avez pas dit m'intéresse beaucoup et j'aimerais bien qu'on se revoie. » Ce faisant, nous lui signifions que sa personne et ses potentialités non révélées nous intéressent. Si ce qu'il pense est particulièrement lourd, agressif, dépressif, il est compréhensible qu'il retienne ses mots.

De ces scènes sans matériel verbal qui sont notre lot habituel, il reste les « éprouvés », d'un côté comme de l'autre, et les non-dits. Les adolescents s'imaginent souvent que les professionnels savent ce qu'ils ont dans la tête, d'où leur tendance à se refermer encore plus pour barrer l'accès à leurs pensées. De notre côté, des idées, des sentiments et des images émergent, et il est important de ne pas les ériger en interprétations. En revanche, évoquer ce que l'on éprouve à titre personnel face à la situation est tout à fait possible. Il s'agit dans ce cas non pas d'asséner à l'adolescent une vérité ou un savoir sur ce qu'il vit, que l'on ignore, mais de rendre compte de ce que l'on ressent soi-même. Quand je dis « Je pense que… » ou « Je trouve que… », cela n'engage que moi. Le jeune comprend aussi que, lorsqu'on éprouve quelque chose, il est possible de le dire sans que cela soit dangereux. Nous lui proposons ainsi une ouverture pour parler.

L'adolescence est un âge où les pensées affolent, en particulier quand elles sont agressives ou sexuelles. La plupart des jeunes imaginent que leurs pensées vont se traduire en actes. Cela explique, en partie, l'absentéisme scolaire. Quel élève osera dire qu'il évite le cours de maths parce que le professeur l'affole sur le plan sexuel ? Il en va de même de la peur d'être violent, en particulier à l'égard des parents. Que les parents d'un jeune qui s'enferme dans sa chambre se rassurent : c'est le signe qu'ils comptent pour lui. Attention aux malentendus !

Il faut aussi avoir en tête que l'adolescent dit souvent le contraire de ce qu'il pense. Vous pouvez donc traduire (intérieurement) :

– Cela t'arrive, de penser aux filles ?

– Jamais. [Pour : « Je ne pense qu'à ça. »]

– Et pour l'avenir, tu as des projets ?

– Rien ne m'intéresse. [Pour : « Trop de choses m'intéressent et je n'arrive pas à choisir. »]

L'attitude du professionnel varie alors selon ce qu'il saisit du discours de l'adolescent. À celui qui ne sait pas quoi faire plus tard, il peut remettre des documents, proposer de rencontrer des gens, etc. Ou, au contraire, l'aider à élaguer parmi toutes les idées qu'il a déjà et qui l'encombrent.

Pour comprendre un adolescent qui parle peu, nous sommes condamnés à formuler des hypothèses, faire des propositions, offrir une palette de possibles sur les raisons de ce silence. Ce ne sont pas des interprétations, et elles ne seront éventuellement opportunes qu'après avoir cheminé ensemble. Face à une porte qui claque, par exemple, le professionnel peut dire que, parfois, on agit de la sorte parce qu'on en a marre, ou qu'on souhaiterait pouvoir parler et qu'on n'y arrive pas, ou qu'on est en colère, ou désespéré et qu'on a le sentiment que tout cela ne sert à rien, etc. L'adolescent peut piocher dans ces hypothèses. Les verbaliser l'invite à exprimer ce qu'il éprouve autrement que par le retrait ou le passage à l'acte. Les adolescents ont rarement l'occasion de rencontrer des adultes qui ne plaquent pas des interprétations sur leurs faits et gestes !

Réintroduire la temporalité

Suivre un adolescent nécessite de surveiller sa montre. Un entretien qui dure deux heures n'est pas de bon augure. Le fait que ce débordement soit possible, même s'il produit un discours intéressant pour la compréhension des troubles, signifie au jeune que les limites sont mal posées. On ne dit pas tout de soi en une seule fois ! Alors, freinons : « C'est très intéressant, vous avez beaucoup de choses encore à me dire. Revoyons-nous demain. » Ou « la semaine prochaine », ou « ce soir », selon les circonstances. On interrompt l'entretien, sous peine de provoquer une hémorragie narcissique, qui va terriblement l'angoisser. Il se sera tellement dévoilé qu'il deviendra totalement tributaire de ce qu'il nous aura livré. Et va donc nous fuir, de même qu'il fuira l'institution où nous travaillons. Limiter un adolescent l'aide beaucoup même si, sur le moment, il déclare avoir encore des choses à nous dire. « Demain… » : réintroduire la temporalité est très important.

INTERPRÉTATION OU HYPOTHÈSE ?

L'interprétation ne peut venir que de ce qui se répète à l'insu de l'adolescent dans sa relation au professionnel. Ce dernier met en mots, à un moment donné, grâce à la relation qui s'est nouée avec le jeune, ce qui se joue pour lui et qui l'amène à se conduire de telle ou telle manière. Ce processus ne peut se faire que dans le cadre d'une relation engagée depuis un certain temps.

En revanche, les professionnels ont toujours en tête des hypothèses face à un jeune qui déroute – qui ne vient pas à table, refuse de parler, parle tout le temps… Ces hypothèses, nous les raccrochons évidemment au matériel dont nous disposons le concernant mais, soyons honnêtes, surtout à nous-mêmes, à ce à quoi il nous renvoie. Pourquoi, dans une équipe, certains tolèrent-ils certaines manières d'être, et d'autres pas du tout ? Ce qui nous touche chez l'adolescent n'est pas du même ordre pour chacun. Par exemple, certains soignants, éducateurs, etc., ne sont pas trop affectés par une attitude de retrait qu'ils connaissent et ne l'associent pas nécessairement à un drame ou à une pathologie lourde. Pour d'autres, qui viennent d'un univers où la parole circule abondamment, le silence d'un adolescent qui ne va pas bien est un signe d'une gravité extrême. Les réunions d'équipe fonctionnent bien quand les professionnels décrivent peu ce qui se joue pour le jeune, et beaucoup ce qui se joue pour eux dans leur relation avec lui. Dire « Moi, ce patient, j'ai envie de lui ficher des claques ou, moi, tel autre me donne envie de démissionner, tellement je me sens impuissant », sans craindre d'être pris pour un mauvais professionnel, suppose une grande confiance mutuelle et une certaine maturité… En général, les équipes un peu défensives ou insuffisamment confiantes privilégient la description de la situation, en attendant que quelqu'un, qui ne connaît pas mieux l'adolescent que les autres, plaque son interprétation. Quoi qu'il en soit, ces deux modèles de fonctionnement témoignent du fait que l'adolescent fait vivre aux professionnels qui s'occupent de lui des émotions très fortes : elles sont notre matériel clinique.

« Un jeune qui nous désespère nous dit quelque chose de sa propre désespérance »

Anne Le Pennec

Thomas et Thibaud ont 18 ans. L'un vit à Nantes, l'autre à Saint-Nazaire. Ils ne se sont probablement jamais croisés. Pourtant, les oreilles des deux garçons ont dû siffler à l'unisson en cet après-midi de janvier. Non qu'ils aient pris part en personne à la conversation avec Patrice Huerre. Ils étaient néanmoins présents, car leurs itinéraires ont servi d'amorce à la réflexion collective portant sur l'accompagnement de l'adolescent en posture de retrait.

Thomas est en première dans un lycée technologique. Catherine, enseignante à la Mission d'insertion des jeunes de l'enseignement catholique de Loire-Atlantique, fait sa connaissance à la demande de l'établissement, car il ne va quasiment plus en cours. Elle dresse le portrait d'un jeune homme en proie à une grande fatigue, qui dit ne pas avoir la force d'assister aux cours, même lorsqu'ils ont lieu l'après-midi et qui, petit à petit, délaisse ses loisirs hors de la maison. « Je lui ai proposé de participer à un stage de plongée, relate Catherine. Il était d'accord. Sa mère a téléphoné le premier jour pour annuler en raison d'une fatigue trop importante. » Les résultats d'examens réalisés à l'hôpital pour rechercher une éventuelle pathologie du sommeil tombent peu après : rien. Le sommeil de Thomas ne présente aucune anomalie. À la rentrée suivante, Catherine, dont la mission auprès du jeune homme touche à sa fin, reste avec ses questions : « Pourquoi la fatigue est-elle toujours mise en avant ? Pourquoi la communication passe-t-elle toujours par la mère ? Thomas souffre-t-il d'une pathologie non diagnostiquée ? Qu'aurais-je pu proposer d'autre pour enrayer la spirale du décrochage ? » Son sentiment d'échec est palpable. « Les troubles du sommeil sont les grands oubliés de la santé publique des adolescents », commente Patrice Huerre. Et de lister maintes causes possibles de la fatigue : manque de sommeil, mononucléose infectieuse, dépression… et de l'absentéisme : acné, racket, erreur d'orientation, déprime… « Plusieurs regards sont nécessaires pour comprendre le sens de ce clignotant qu'est la fatigue, au risque de passer à côté du problème », insiste-t-il. Le psychiatre rappelle que basculer dans le sommeil représente une perte de maîtrise potentiellement angoissante, et tire un peu plus ce fil : « Il n'est pas inutile de se demander comment il dormait quand il était petit, car les habitudes d'alors peuvent ressurgir. »

Il salue la proposition de stage qui marque une ouverture à la nouveauté, « une rencontre avec d'autres figures adultes parmi lesquelles, au gré du hasard, certaines peuvent devenir des modèles ». Patrice Huerre se garde en revanche de conclure hâtivement sur l'absence du père de Thomas lors des rencontres avec Catherine. « C'est un fait de l'histoire », considère-t-il.

S'ACCROCHER AU TRÈS PEU QU'IL NOUS DONNE

Caroline et Aurélie, psychologues, ont choisi de parler de Thibaud. Elles auraient pu, précisent-elles, s'appuyer sur d'autres cas cliniques pour illustrer la complexité de l'accompagnement d'adolescents en retrait, tant cette attitude est répandue chez celles et ceux qu'elles rencontrent à l'Association d'action éducative (AAE) de Loire-Atlantique. Thibaud a d'abord vécu avec sa mère et ses deux frères, puis dans une famille d'accueil. À la suite de quoi sa mère et lui ont opté pour un hébergement socio-éducatif. Le jeune homme vit désormais seul dans un studio. Il est déscolarisé depuis la troisième. « Méfiant, il limite les prises de risque en mettant l'autre à distance », observent les psychologues. Il n'a pas de loisir particulier, « si ce n'est regarder des séries policières et des films avec des tueurs en série ». Elles ajoutent que Thibaud occupe, aux yeux de sa mère, la place du fou, du malade. « Elle parle de phobie sociale et de schizophrénie chez plusieurs membres de la famille. »

Thibaud souhaite travailler au contact des animaux, mais de grosses angoisses l'empêchent de mener les démarches nécessaires.

Patrice Huerre a griffonné quelques notes. « Vous avez très bien décrit des situations habituelles, où les enjeux actuels sont débordés par des enjeux passés, réagit-il. Grandir, c'est risqué, comme l'exprime Thibaud à sa manière. À la fin de l'adolescence, toutes les angoisses de séparation, de maladie ou de mort se réactivent. Et puis un garçon qui grandit, dans cette famille, qu'est-ce qu'il devient ? Un homme qui part, qui est déchu de l'autorité parentale ou qui devient fou… Il n'y a là rien d'exaltant, c'est même plutôt inquiétant ! On comprend que les animaux soient plus réconfortants… » Sachant que la tentation est forte, chez les professionnels, de juger négativement l'attitude des parents, Patrice Huerre appelle à la vigilance. « Nous avons le droit d'éprouver ce sentiment, mais nous devons en faire un élément de travail, pas une vérité. Cette mère serait probablement soulagée d'apprendre que son fils n'est pas fou, elle a sans doute très peur qu'il le soit », tempère-t-il, avant d'en venir à la pratique. La salle redouble d'attention. « Je pense qu'il est intéressant, surtout quand il n'y a presque rien, de s'accrocher au très peu que l'adolescent nous donne. Ici, une série. Moi, à votre place, j'essaierais d'en visionner avec lui une qu'il aime particulièrement, dans une démarche de médiation issue de la petite zone d'investissement résiduel qu'il nous dévoile. Cela peut donner lieu à un dialogue impossible en face à face ou sur d'autres sujets. » L'équipe, désemparée, désespère de trouver une clé pour aider Thibaud à s'ouvrir aux autres. « Un jeune qui nous désespère nous dit peut-être des choses sur ce qu'il a lui-même vécu, et que nous pouvons chercher à comprendre avec lui et avec sa famille », rebondit le psychiatre. Il renouvelle son invitation à s'appuyer sur ses « éprouvés » d'accompagnant pour approcher ceux de l'autre. Une main se lève : « Comment réagir face aux parents qui voudraient nous parler à la place de leur adolescent ? » Pour Patrice Huerre, il est crucial de cerner l'origine de la demande d'aide : vient-elle plutôt de l'adolescent ou de ses parents ? « Pour en avoir une idée, confie-t-il, j'utilise la salle d'attente. J'observe les positions de chacun et, quand je dis "On va y aller", je vois qui se lève en premier. »

4

Et si les « naïfs numériques » n'étaient pas ceux que l'on croit ?

Stéphane Blocquaux

GENÈSE D'UNE FRACTURE : LA LÉGITIMITÉ DES « MIGRANTS DU NUMÉRIQUE » EN QUESTION

Le numérique est un boulet de canon venu percuter la parentalité et le monde éducatif. Dix années de recherche scientifique et des centaines d'interventions au sein d'établissements scolaires sur notre territoire m'en ont convaincu. Car la fracture numérique générationnelle est encore bien présente, comme en témoignent les réactions inquiètes – voire angoissées – des milliers de parents et de professionnels rencontrés lors de mes conférences publiques. Dans leurs rangs, une majorité de « migrants du numérique » (qui ne sont pas nés avec Internet) ont progressivement intégré ce dernier dans leur vie, certainement motivés par ce que l'historien Stuart Ewen appelle « l'étiquette mystificatrice du progrès[1] ».

Ne pas adhérer à la marche forcée de la révolution numérique et de la dématérialisation revient aussitôt à s'exposer au jugement sévère des plus jeunes : « Mes parents, c'est la honte, ils savent à peine envoyer un mail ! » Peu à peu, et par la force des choses, les adeptes du courrier papier et de la photo argentique ont découvert la puissance, les champs de compétences et les multiples atouts des dispositifs numériques : illimités, instantanés, reproductibles, partageables et, surtout, parfaits, sans les défauts inhérents à toute production analogique (bavure d'encre, trace de gomme, etc.). Bref, des outils ultraperformants, à notre service, censés assouvir nos besoins communicationnels.

Internet et ses applications en ligne sont envahissants, car ils sont accessibles en tout lieu et à toute heure. Mais le technoscepticisme instinctif des générations « d'avant » – celles qui ont connu le caractère « asynchrone » de la correspondance épistolaire ou le temps de latence entre la prise de vue et le développement d'un négatif photo – tend à les protéger des effets pervers parfois induits par les mutations numériques. De ces effets, le plus « toxique » nous semble être l'immédiateté, devenue une véritable « valeur en soi[2] ». La

1. S. Ewen, *Consciences sous influence. Publicité et genèse de la société de consommation*, Paris, Aubier (1983) 1992.

2. P. Josèphe, *La société immédiate*, Paris, Calmann-Lévy, 2008. Pascal Josèphe a dirigé plusieurs chaînes de télévision française.

méfiance envers les « nouveaux » médias – presse, radio, télévision en leur temps – n'est pas chose nouvelle. Elle s'amplifie cependant avec Internet, ce « self-média[3] » – comme le nommait déjà l'avocat et journaliste Jean Cloutier dès 1973 – doué d'une certaine capacité de « construction autonome des discours » via ses canaux communautaires, qui portent en eux les gènes de la discussion, de la contestation et du doute. La confiance dans les médias traditionnels semble d'ailleurs renaître aujourd'hui[4], même si, à l'heure de la convergence numérique, les chaînes de télévision et les radios possèdent toutes des sites Internet. Ainsi, selon un sondage réalisé par l'institut Kantar-Sofres début 2018[5], 56 % des personnes interrogées feraient confiance à la radio, 52 % à la presse écrite (+ 8 %) et 48 % à la télévision (+ 7 %). En revanche, seul un Français sur cinq juge crédibles les informations trouvées sur Internet. Les plus jeunes (18-24 ans) sont, bien entendu, moins sévères (31 %).

Une idée reçue semble perdurer de manière tenace : les « naïfs du numérique » seraient les « anciens » qui, sur le plan technique, maîtrisent majoritairement beaucoup moins bien ces dispositifs que les plus jeunes. Cette fracture radicale,

3. F. Richaudeau, « La communication audio-scripto-visuelle à l'heure des self-média », *Communication et Langages*, n° 20, 1973.

4. francetvinfo.fr/economie/medias/les-francais-retrouvent-la-confiance-dans-les-medias-traditionnels-et-se-mefient-d-internet-selon-un-sondage_2575484.html

5. Baromètre de la confiance des Français dans les médias, réalisé pour *La Croix*, janvier 2018.

théorisée par le chercheur Marc Prensky en 2001, a contribué à entretenir le mythe de l'opposition entre les *natives* et ceux qu'il nomme les « immigrants » du digital. En 2015, le *Petit guide à l'usage des « non digital natives*[6] » invite ces derniers à dépasser leurs inquiétudes et leurs préjugés à propos du numérique pour mieux comprendre la génération Y. Pourtant, dès 2008, des études[7] menées sur les pratiques numériques des jeunes mettent en valeur la faiblesse de certaines de leurs compétences, notamment leur manque de regard critique et, surtout, leur méconnaissance des interdits. Certes, ils sont souvent plus compétents sur le plan technique que leurs aînés, mais ces derniers, plus expérimentés et bien moins crédules, sont plus à même de repérer les écueils dans cet « océan digital ». Et si les « naïfs numériques » n'étaient pas ceux que l'on croit ?

Réseaux sociaux et jeu de dupes

Une étude[8] réalisée en ligne du 22 février au 14 mars 2016 par l'association Génération numérique auprès de 8 772 jeunes âgés de 11 à 18 ans

6. S. Martini, *Les naïfs numériques. Petit guide à l'usage des « non digital natives » : enseignants, éducateurs, animateurs, parents*, Paris, Les Éditions Léo Lagrange, 2015.

7. http://sticef.univ-lemans.fr/num/vol2008/09r-baron/sticef_2008_baron_09.htm

8. « Les 11-18 ans et les contenus choquants sur Internet », asso-generationnumerique.fr/wp-content/uploads/2016/07/Les-11-18ans-et-les-contenus-choquants-sur-internet.pdf

indique qu'un adolescent sur deux seulement juge les outils Internet « un peu risqués ». Ce doux euphémisme cache une réalité plus tragique : bien souvent, les jeunes se livrent corps et âme à leurs « amis virtuels » sur Facebook, Snapchat et Instagram. Sur 307 élèves de quatrième, interrogés par mes soins dans le cadre d'une étude sur les pratiques numériques des jeunes, 83 % pensent, par exemple, que Snapchat efface définitivement les photos « selon le réglage défini » (le plus fréquemment, seulement quelques secondes) et près de 70 %, que leurs photos envoyées « en mode privé » via Snapchat ne laissent aucune trace sur les réseaux sociaux. « Snap passe par le téléphone, ce n'est pas comme si l'on publiait sur Internet ! », affirme Adrien avec assurance, lors d'une de mes interventions pédagogiques. Redoutable erreur et, surtout, totale méconnaissance du fonctionnement des infrastructures de diffusion et de stockage des images par les réseaux sociaux. Comme beaucoup de jeunes, Adrien ignore que, depuis la modification de la politique de confidentialité de la plateforme, en 2015, une photo peut désormais apparaître sans limite de temps dans les messages privés et dans les « stories », de même que son destinataire peut en profiter librement tant que le Snap reste « ouvert ». Snapchat, le réseau de l'éphémère et de l'instantanéité, basculerait-il progressivement dans l'archivage systématisé, comme Instagram ou Facebook ? Théoriquement, mais il semble très compliqué de le vérifier, en particulier de s'en assurer, tous les contenus sont effacés des serveurs de Snapchat après vingt-quatre heures. Un laps de temps suffisant pour transférer ces données vers des espaces moins sécurisés… Le psychiatre Serge Tisseron nous parle, dans son livre *Rêver, fantasmer, virtualiser. Du virtuel psychique au virtuel numérique*[9], d'un « jeu de dupes inconscient », qu'il compare au jeu de cache-cache, que les tout-petits adorent. Ils crient « Ça y est, je suis caché ! », mais tous meurent d'envie qu'on les trouve derrière le canapé…

Réseaux sociaux et fragilité des verrous numériques

De la fragilité du verrouillage, matérialisé par le mot de passe de protection des comptes personnels, découle une certaine porosité entre espace privé et espace public. Peut-on réellement « publier dans un espace privé », dès lors qu'il s'agit de publier des informations parfois compromettantes sur soi-même (ou les autres), avec pour seule protection une simple combinaison de quelques caractères ? Publier, n'est-ce pas avant tout « rendre public » ? L'aspect antinomique de l'action qui consiste à déposer sur un réseau social des données dans un espace censé rester totalement privé pourrait prêter à sourire si les dommages occasionnés par la brutale « exposition » de ces données ne posaient pas tant de problèmes à ceux qu'elles

---

9. S. Tisseron, *Rêver, fantasmer, virtualiser. Du virtuel psychique au virtuel numérique,* Paris, Dunod, 2012.

concernent. À l'heure des cryptomonnaies, jamais les coffres-forts virtuels n'ont été aussi sécurisés. Pourtant, les experts continuent de nous expliquer que rien n'est inviolable en matière de sécurité informatique. Quelques compétences en programmation suffisent pour mettre au point des dispositifs de *phishing* (« hameçonnage » ou « filoutage ») permettant de récupérer les mots de passe des utilisateurs.

Lors de mes séances de prévention des dangers d'Internet auprès des collégiens, je remporte un certain succès en me glissant temporairement dans la peau d'un pirate informatique. Je propose à un volontaire de monter sur scène – j'interviens souvent en amphithéâtre – et de se connecter à son compte Facebook. Il saisit ses identifiants, certain d'être protégé par les rassurants et familiers « petits points » censés en garantir la confidentialité. Je lui demande alors, juste avant qu'il ne valide sa combinaison, d'effacer son mot de passe pour simuler une erreur de saisie et d'en écrire un autre. Le collégien invente alors souvent un mot simple, une couleur ou un objet. Et le piège se referme sur lui ! Avec étonnement, il constate qu'il ne reçoit pas de message d'erreur (« Mot de passe erroné »), mais se trouve redirigé vers un site Web lambda (celui d'une chaîne de télévision, par exemple)... ce qui suscite immédiatement les éclats de rire du public. Quelques secondes plus tard, j'affiche devant les yeux médusés de l'assistance le second mot de passe, en précisant que j'aurais pu, tout aussi facilement, afficher le premier, le vrai. Cette démonstration technique, complexe à conduire, s'inspire des techniques illégales des hackers et, bien entendu, je martèle immédiatement les sévères sanctions infligées à ceux qui tenteraient de réaliser réellement ce type d'action dans le but de nuire à autrui (75 000 euros d'amende et cinq ans d'emprisonnement). Pour autant, elle permet instantanément – et durablement, d'après les témoignages d'anciens participants – d'ébranler la certitude de nombreux jeunes quant à l'inviolabilité de leurs comptes sur les réseaux sociaux. J'abandonne alors le personnage du pirate numérique au profit de celui, beaucoup plus noble, du corsaire. Rappelons que les corsaires opéraient des actes de flibusterie sur les océans, mais uniquement au service de leur roi. Le « corsaire numérique », lui, sert le système éducatif, un peu comme ces experts informatiques qui mettent à l'épreuve les sécurités des serveurs pour mieux en détecter les failles potentielles. Dérouler un discours de prévention des risques numériques en toute légitimité devient alors un jeu d'enfant. Captivés, les élèves écoutent les conseils dispensés et se prennent à imaginer les conséquences potentielles d'un tel hold-up. La simple évocation que leurs photos « privées » les plus inavouables atterrissent devant les yeux de leurs parents ou de leurs professeurs les conduit souvent à se tourner vers leur voisin pour chuchoter un : « Eh bien moi, ce soir, je vais faire le ménage dans tous mes profils… »

La force de la légitimité numérique dans « l'éducation au virtuel »

Bien entendu, il ne s'agit pas de nous transformer, parents, professeurs ou éducateurs, en « hackers d'un jour », mais de réaliser l'importance de connaître et de maîtriser le virtuel. L'un des paradoxes de la dématérialisation réside dans le fait que les espaces numériques, initialement créés pour nous rapprocher les uns des autres, nous éloignent et, en même temps, masquent la conscience de l'omniprésence des autres dans des espaces donnés pour être collectifs. L'isolement et l'anonymat ressentis derrière les claviers sont trompeurs. Ils font fi des milliards d'algorithmes qui analysent en permanence la moindre frappe de clavier pour le compte d'autrui – notamment, des entreprises commerciales – et stockent nos actes les plus secrets. Les natifs du numérique, galvanisés et rassurés par leurs compétences techniques, se montrent parfois bien naïfs de ce point de vue. Ils pourraient reconnaître comme légitimes les conseils de leurs aînés, moins crédules, sous réserve que ces derniers montrent leur intérêt pour le monde numérique.

C'est la théorie que je défends auprès des parents et des éducateurs, en leur délivrant un message simple : rapprochez-vous, autant que possible, du monde virtuel. Ne le fuyez pas, ne le diabolisez pas. Même si vos centres d'intérêt ne vous portent pas naturellement vers les activités numériques et que vous préférez la compagnie d'un bon livre ou la pratique du jardinage, intéressez-vous à lui. Ne vous laissez pas distancer par les plus jeunes au prétexte que vous ne serez « jamais aussi doués qu'eux ». Visite d'expositions centrées sur les technologies digitales et les loisirs numériques, pratique familiale de jeux vidéo sélectionnés au préalable avec eux, apprentissage conjoint de l'utilisation des derniers outils tels que les casques virtuels immersifs : il existe de multiples « passerelles expérientielles » entre les *natives* et les migrants. J'entends déjà certains penser que tout cela est illusoire, surtout lorsqu'on parle d'adolescents. Libre à eux de renoncer. Il ne s'agit pas en l'occurrence de faire du « jeunisme », mais de devenir avant tout plus légitimes et plus crédibles, en témoignant d'une certaine expertise et en manifestant un réel intérêt pour le monde numérique, notre monde numérique. Comme le souligne l'OCDE[10], ne sommes-nous pas tous, jeunes et moins jeunes, des « apprenants du nouveau millénaire » ?

10. oecd.org/fr/education/recherche/42419241.pdf

« Le numérique est un boulet de canon venu percuter la parentalité »

Anne Le Pennec

Le conférencier s'étire une dernière fois pendant que les participants s'installent. Puis, avant même d'ouvrir la bouche, il lance une vidéo. « Je vous présente mon avatar, annonce Stéphane Blocquaux. Sauriez-vous dire qui est au service de qui ? » L'homme, veste noire et chemise pixellisée, est un habitué de l'estrade et du one-man-show. Il est rompu à l'exercice qui consiste à démontrer par A plus B devant des collégiens ou des lycéens par centaines que l'Internet et les mondes numériques sont sources de mille écueils, pas toujours là où on les attend. Cette fois-ci, le chercheur en sciences de l'information et de la communication veut convaincre la génération du dessus, celle des « migrants du numérique », de la nécessité de prendre le train en marche pour aider les adolescents à ne pas se laisser piéger. « Qui a déjà joué à *Warcraft* ? », lance-t-il. Quelques mains timides se lèvent, quand une voix résonne : « Ah, le Scrabble ! » Le fossé est générationnel, certes, mais peut très bien être comblé en développant sa propre culture numérique. « Jouez avec les jeunes aux jeux vidéo, essayez les casques de réalité virtuelle, invite Stéphane Blocquaux. On peut faire des choses formidables avec tout cela. Et vous n'en serez que plus légitimes et audibles pour poser des limites à leur utilisation. » Quand il évoque la possibilité pour les parents d'éteindre l'écran – qui devrait déjà l'être – par le biais d'un outil de veille à distance, le spectre de l'espionnage n'est pas loin. « Le principe est celui du radar automobile, précise l'expert. L'adolescent sait qu'une surveillance est possible et que vous pouvez prendre la main à tout moment, mais cela ne veut pas dire que vous allez le faire. » Et son jardin secret, alors ? « Quel jardin secret ? Tout l'espace du Net est public, tout est crackable et stocké à vie sur une multitude de serveurs. » Silence dans la salle.

« Je suis sans voix »

Un infirmier dans un centre psychothérapique pour adolescents se demande comment se dégager des tensions qui ne manquent jamais de naître quand un jeune reçu en consultation refuse de poser le smartphone sur lequel il est en train de jouer en ligne. « Ce piège s'est refermé sur nous depuis que nous avons accepté le principe d'une société de l'illimité qui gomme la temporalité et les conflits qui vont avec elle. Il existe des jeux avec des rounds dont il est plus facile de décrocher car ils ont une fin », propose Stéphane Blocquaux en guise de réponse. À ce stade de la démonstration, plus personne dans la salle n'ignore qu'accéder à des contenus violents et pornographiques sur Internet est un jeu d'enfant, y compris pour celui ou celle qui n'en avait pas l'intention. « Je suis sans voix, reconnaît une jeune femme. Il n'y a donc aucune législation en vigueur, aucune interdiction ? » Stéphane Blocquaux mentionne l'Islande qui a songé à interdire l'accès aux sites pornographiques sur son territoire, puis la Chine qui n'hésite pas à censurer certains contenus. « Interdire est un pas vers la censure », résume-t-il. Une autre crainte se fait entendre, celle d'un passage à l'acte violent, encouragé par les pratiques virtuelles. Au dire de Stéphane Blocquaux, rien n'est moins sûr. « Dans la littérature scientifique, rien n'atteste de ce lien de cause à effet. Certains avancent que plus vous "jouez" à violer, moins vous risquez de le faire dans la vie réelle, car le jeu permet une décharge pulsionnelle. Mais on sait aussi que l'armée américaine s'entraîne avec des jeux vidéo violents. » Tous semblent en revanche d'accord sur le fait que les pratiques numériques bouleversent la relation entre adultes et adolescents. « Installer l'ordinateur familial dans un lieu de passage, proposer d'autres activités, discuter, couper la connexion pendant les repas… Je crois que ces alternatives marchent encore », commente Georges Picherot, chef de service de pédiatrie aujourd'hui à la retraite. « Mais non… », souffle la salle à l'unisson. « Les espaces de déconnexion, qui en a vraiment envie ? Les adultes eux-mêmes ont du mal », poursuit Stéphane Blocquaux.

Des réseaux sociaux aux couloirs du collège

Au collège de Saint-Mars-la-Jaille, en Loire-Atlantique, une élève a récemment fait l'objet de harcèlement sur les réseaux sociaux. « Tout est parti d'une moquerie d'une jeune fille à une autre au sujet d'un collier », raconte le proviseur. Violence verbale puis physique, attribution de surnoms, échanges d'« amabilités » sur les réseaux sociaux… « Bon nombre d'élèves ont assisté à tout cela en spectateurs passifs, agissant comme une meute sous l'emprise d'un leader », souligne le proviseur. En a découlé une série d'actions préventives dans l'établissement, dans le but de mieux repérer les élèves en situation de mal-être, mais aussi d'améliorer le climat scolaire. « La cloison qui, auparavant, séparait nettement ce qui se passait dans l'établissement et à l'extérieur a cédé avec les réseaux sociaux, observe Stéphane Blocquaux. La porosité est permanente, y compris sur les outils institutionnels comme les environnements numériques de travail, qu'il faut absolument modérer pour éviter les dérapages. » Et de plaider pour l'apprentissage d'une citoyenneté numérique incluant éthique et responsabilité. « Les citoyens numériques doivent savoir qu'ils sont sous le coup d'un système pervers qui fonctionne en permanence et où rien ne s'oublie jamais, même un simple clic. »

Abasourdis par tant de révélations et peut-être aussi par l'ampleur de la tâche qui les attend en tant qu'accompagnants, les participants restent cois. Finalement, une femme prend la parole : « Je suis désolée, mais je ne comprends vraiment pas en quoi mes données de navigation sur Internet intéressent qui que ce soit. » Stéphane Blocquaux se lance alors dans une initiation à l'économie du Web : « Vos comportements de consommation intéressent quantité d'entreprises. Tous vos clics, toutes vos hésitations ont une valeur marketing, même ce que vous écrivez dans votre moteur de recherche puis effacez avant d'avoir tapé “Entrée”. Ce sont vos désirs secrets, qu'une publicité bien positionnée peut facilement réactiver. » La démonstration en laisse plus d'un perplexe. « On avait dit qu'on terminerait sur une pointe d'optimisme », rappelle non sans humour Georges Picherot. Le proviseur du collège de Saint-Mars-la-Jaille s'y essaie : « Les pratiques numériques offrent une occasion de se rapprocher de son enfant. »

5

L'expérience du deuil d'un(e) ami(e) chez les jeunes à l'ère du numérique

Martin Julier-Costes

COMPRENDRE POUR ACCOMPAGNER

Cet article évoque l'analyse d'un deuil particulier, celui des jeunes ayant perdu un(e) ami(e). Il est fondé sur un travail doctoral, la participation à une recherche nationale sur le rôle et les usages du numérique dans le deuil et sur la codirection d'un ouvrage collectif sur la mort à l'école[1]. Il expose des éléments de compréhension de l'expérience du

1. M. Julier-Costes, « Socio-anthropologie des socialisations funéraires juvéniles et du vécu intime du deuil. Les jeunes face à la mort d'un(e) ami(e) », thèse de doctorat (scd-theses.u-strasbg.fr/2141/01/JULIER-COSTES_Martin_2010.pdf) ; Programme ANR-Eneid sur les éternités numériques, dirigé par Fanny Georges (http://eneid.univ-paris3.fr/) ; C. Fawer Caputo, M. Julier-Costes (sous la direction de), *La mort à l'école. Annoncer, accueillir, accompagner*, Louvain-la-Neuve, De Boeck Supérieur, 2015.

deuil chez les jeunes aujourd'hui. Il ne cherche pas à soutenir un propos généralisant, mais il a pour objectif d'enrichir la réflexion sur les postures à adopter en tant que parents ou professionnels travaillant auprès d'adolescents et de jeunes adultes.

Le point de vue de la socio-anthropologie

La démarche théorique proposée est complémentaire de l'approche psychologique communément associée au thème du deuil et des rapports à la mort. Elle éclaire les mêmes réalités mais d'un point de vue différent, celui de la socio-anthropologie de l'adolescence et de la jeunesse[2], et privilégie l'analyse du discours que les jeunes ont sur leurs propres comportements et du sens qu'ils leur attribuent. L'anthropologie[3] et l'histoire nous apprennent qu'en tout lieu et en tout temps la mort, lorsqu'elle survient, est synonyme de déséquilibre. Autrement dit, il n'existe pas de groupe humain qui ne soit pas déstabilisé par la perte d'un(e) de ses membres. Dès l'annonce d'un décès, les vivants vacillent et oscillent entre désordre et tentatives de remise en ordre des liens qui les unissent, créant autant de conflits et de divisions entre eux que d'occasions de pacification et de rassemblement, notamment à

2. D. Le Breton, J. Lachance et D. Jeffrey, *Penser l'adolescence*, Paris, Puf, 2016.

3. Avec des chercheurs comme L. V. Thomas, A. Van Gennep ou R. Bastide.

travers les rites. La sociologie[4], elle, nous explique le contexte (social, culturel, démographique, etc.) dans lequel ce déséquilibre apparaît et comment il « produit » des comportements et des réactions spécifiques. Le socio-anthropologue cherche donc à comprendre comment un contexte particulier met en forme ce que l'anthropologie énonce comme un invariant, à savoir le comportement des humains face à la mort : rassembler les vivants, garder des traces du mort, lui donner une place et maintenir une relation avec lui.

Comprendre le vécu du deuil chez les jeunes

Se savoir mortel et se représenter la mort constitue une phase importante du développement psychique de l'être humain, mais faire l'expérience sensible et concrète de la mort d'un(e) ami(e) est plus rare en général, particulièrement à l'adolescence[5]. Même si la mort est hypermédiatisée (conflits armés, fictions, jeux vidéo), elle est perçue comme anormale et exceptionnelle lorsqu'elle frappe un jeune. Sauf en cas de maladie grave, elle est souvent violente (accident, suicide), et le corps, quand il est abîmé, n'est pas exposé. Ce décès est souvent, pour ses amis, leur première expérience

---

4. G. Clavandier, *Sociologie de la mort. Vivre et mourir dans la société contemporaine*, Paris, Armand Colin, 2009.
5. M. Castra, « Les transformations sociales de la fin de vie et de la mort dans les sociétés contemporaines », *Empan*, n° 97, 2015, p. 12-18.

de la perte et se vit comme un rite de passage à l'âge adulte.

Comme porte d'entrée de l'analyse du deuil chez les jeunes, j'exposerai ici le modèle tiré de mon travail doctoral, qui rend compte des trois dimensions à travers lesquelles se vit le deuil.

1. Les ritualisations[6] funéraires instituées. Elles correspondent à la mise en bière, à la cérémonie funéraire et à la mise en terre (ou dispersion des cendres). Le corps est généralement présent et, sauf exception, ces temps sont publics. Les amis d'un jeune défunt sont très impliqués dans les funérailles et investissent les espaces et les moments qu'on leur donne, tout en sachant qu'elles ne leur sont pas directement destinées. Instaurant eux-mêmes une hiérarchie dans la peine, ils estiment qu'il n'y a pas de plus grande souffrance que celle de perdre un enfant et que ces cérémonies appartiennent donc plutôt aux parents.

2. Les ritualisations funéraires instituantes. Elles sont parallèles, intrinsèquement liées aux précédentes et témoignent des liens affectifs des amis avec le défunt. Généralement moins visibles car privées, ces ritualisations sont tout aussi significatives, voire plus, aux yeux des jeunes que les précédentes. Elles ont lieu à l'initiative des amis qui, parfois, invitent

---

6. Les termes de « rite », « rituel » et « ritualisation » sont souvent utilisés comme des synonymes dans le langage courant et parfois scientifique. Ici, le terme de « ritualisation » permet d'insister sur le mouvement : ces célébrations n'étant ni homogènes ni fixes, elles sont mouvantes, à l'inverse d'un rite, comme celui des catholiques, qui a une structure/un déroulé fixe.

les parents. Le corps est absent ; il arrive qu'il soit remplacé par une partie des cendres ou l'urne funéraire. Elles varient, selon les cercles d'appartenance du défunt, du simple dîner au restaurant entre amis à la grande « teuf », et permettent de « faire corps » face à un événement qui déstabilise. En ingurgitant de la nourriture, des boissons, souvent alcoolisées, et parfois des drogues, ils tentent de resserrer leurs liens pour mieux combler l'absence et, finalement, conjurer la mort.

3. Les ritualisations funéraires intimes. Comment un jeune « fait-il avec » la mort de son ami ? Quel(s) sens accorde-t-il à cette perte ? Selon le sociologue Jean-Hugues Déchaux, le deuil est aujourd'hui une expérience beaucoup plus intimisée qu'autrefois[7]. En effet, beaucoup d'interviewés disent écrire dans un cahier, pour eux, parfois dans un dialogue imaginé avec le défunt, ce qui est une façon de convoquer l'absent. Certains le rendent présent en consultant son répondeur afin d'écouter sa voix et laisser un message, ou en relisant ses SMS ; parfois, ils continuent de lui en envoyer, comme s'il était encore là… Ses amis disent ressentir sa présence ou le retrouver à travers une chanson. Certains déclarent qu'il leur apparaît en rêve, d'abord torturé et menaçant puis, progressivement, apaisé ; d'autres construisent des petits

7. J.-H. Déchaux, « La mort n'est jamais familière. Propositions pour dépasser le paradigme du déni social », dans S. Pennec (sous la direction de), *Des vivants et des morts. Des constructions de la « bonne mort »*, Brest, CRBC, 2004.

autels personnalisés. Ils sont nombreux à porter ses habits ou l'un de ses bijoux, ou encore à se faire tatouer, en hommage – signe d'une volonté d'inscrire l'absent sur et dans son propre corps, de l'incorporer symboliquement.

Moins visibles, ces actes accomplis dans l'intimité remplissent une fonction. Passant par l'intime pour surmonter l'épreuve de la perte, ces jeunes cherchent à maîtriser la temporalité du deuil. Ils se revendiquent comme maîtres du sens à lui attribuer et rejettent généralement toutes les attitudes et interprétations, qu'ils ressentent comme imposées ou plaquées. Le sens de tels gestes n'est accessible que par et pour eux, avant d'être éventuellement partagé avec des personnes de confiance. Ce temps de l'intime, avant qu'ils puissent évoquer leur deuil, peut durer de longues années.

Les trajectoires de deuil sont bien sûr singulières, mais elles s'articulent autour de ces trois dimensions. Ensemble, elles constituent des expressions communément partagées du deuil qui, pour chaque situation, s'observent dans une multiplicité de temporalités et d'espaces, avec des individus différemment affectés en fonction de leur cercle d'appartenance : famille, pairs, école, établissement d'accueil, sport, jeu vidéo, réseau social.

Le deuil 2.0

L'étude du deuil ne peut pas se réduire à celle de ses manifestations dans les espaces numériques, mais ses usages et ses significations doivent être analysés et compris, pour mieux accompagner les jeunes concernés.

Nombreux sont ceux qui téléphonent au mort jusqu'à la suppression de sa ligne téléphonique et/ou lui envoient des SMS. Ils écoutent sa voix, consultent ses messages écrits et ses photos archivés dans leur smartphone. Peu d'entre eux sont capables de l'effacer totalement de leurs contacts, même plusieurs mois après. Beaucoup appréhendent avec angoisse le moment où l'opérateur supprimera la ligne de leur ami défunt.

Nés dans une société hyperconnectée[8], les jeunes apprivoisent donc la perte avec les outils techniques et symboliques à leur disposition. Quand le sentiment de rupture prévaut, ils ont besoin de s'assurer du soutien de leur groupe d'amis et de maintenir une continuité dans leur relation avec le défunt. La page Facebook de celui-ci se transforme alors parfois en mémorial, une autre page peut être créée à cette occasion : elles sont inondées de messages adressés aux proches, mais aussi à la personne disparue. Le profil Facebook remplit ici la même fonction qu'une tombe sur laquelle on viendrait se recueillir. Il permet d'individualiser la perte à l'intérieur d'un espace partagé et rend le deuil plus visible, chacun des membres de la communauté pouvant accéder au « mur » du

8. F. Jauréguiberry, « La déconnexion aux technologies de communication », *Réseaux*, n° 186, 2014.

profil[9]. Ces messages sont formulés au présent, même plusieurs mois après, comme si la personne était encore vivante et pouvait voir et entendre ses amis. Les jeunes créent et archivent des traces numériques qu'ils consultent à leur gré, signifiant leur volonté d'assumer un travail de mémoire et de l'exposer via ce réseau social. Moins visibles, les messages privés sur Facebook sont aussi très significatifs et relèvent de l'intime. Certains interviewés déclarent les avoir écrits à l'unique intention du défunt, comme des tentatives assez communes de communiquer avec les morts[10], que l'on peut nommer ici « ex-voto numériques ». Il est à noter que ces pratiques – accès au profil d'un défunt, transformation de ce profil en mémorial – peuvent poser des problèmes juridiques et éthiques, notamment si la personne n'a pas désigné de légataires. Ces questions ont d'ailleurs été récemment mises en lumière avec la nouvelle loi européenne sur la protection des données personnelles[11]. Anthropologiquement, la question essentielle reste néan-

9. Ce constat rejoint des recherches anglo-saxonnes (entre autres, J.R. Brubaker et coll., « Beyond the grave : Facebook as a site for the expansion of death and mourning », *The Information Society*, vol. 29, n° 3, 2012) observant que les réseaux socionumériques fournissent une plateforme permettant à la fois d'exprimer le chagrin des survivants et de leur donner la possibilité de maintenir des relations avec les défunts.

10. M. Julier-Costes, « Le monde des morts chez les jeunes », *Études sur la mort*, n° 142, 2012.

11. https://www.cnil.fr/fr/ce-que-change-la-loi-pour-une-republique-numerique-pour-la-protection-des-donnees-personnelles

moins la suivante : « À qui appartient le mort ? » À ses proches ? À ses parents ? À ses amis ? À lui-même ? À la société ? À une communauté religieuse ? En ce sens, le numérique et ses usages éclairent les enjeux contemporains en matière d'expérience du deuil.

L'ÉPREUVE DE LA DÉCONNEXION

Ces usages numériques ne sont cependant pas spécifiques aux jeunes qui, comme souvent, révèlent en les amplifiant des phénomènes identifiables et valables pour d'autres classes d'âge. En revanche, les adolescents et les jeunes adultes sont les premières générations à vivre leurs premières expériences de la séparation articulée à la problématique de la connexion/déconnexion[12].

Certains interviewés témoignent avoir réduit leur usage des réseaux sociaux à la suite du décès d'un proche pour ne pas avoir à gérer le flot de sollicitations entraînées par la connexion. « D'autres se déconnectent volontairement du défunt et cherchent à effacer sa présence numérique – compte Facebook faisant partie de sa liste d'amis, numéro de téléphone, courriels, SMS, etc[13]. » Les recherches

---

12. J. Lachance et M. Julier-Costes, « Le deuil dans un monde connecté », *Frontières*, vol. 29, n° 1, 2017.

13. H. Bourdeloie et M. Julier-Costes, « Deathlogging: Social life beyond the grave. The post-mortem uses of social networking sites », dans S. Selke et I. Hülsmann (sous la direction de), *Lifelogging. Interdisciplinary Approaches to Unravel the Phenomenon of Digital Self Tracking*, Berlin, Springer, 2016.

à ce sujet sont à poursuivre mais, aujourd'hui, l'épreuve du deuil est aussi à articuler avec la tension connexion/déconnexion : « Il ne s'agit pas simplement de mobiliser des cimetières virtuels ou de consulter des comptes mémoriels sur Facebook pour vivre son deuil, il importe aussi de gérer la distance, de tempérer sa fréquentation, de mesurer le sens de ses visites[14]. » Là où le cimetière et la tombe créaient des espaces physiques et des moments spécifiques, les nouvelles technologies de l'information et de la communication réinscrivent le mort dans le quotidien. Il s'agit pour les jeunes d'apprendre à « gérer » la distance avec l'ami disparu par un jeu d'équilibriste entre connexion et déconnexion, évoquant symboliquement rapprochement et éloignement, proximité et séparation d'avec le défunt.

Accompagner à l'ère du numérique

Par sa démarche compréhensive, l'approche socio-anthropologique permet de tirer certains enseignements :

1. L'hyperconnexion est un constat avec lequel il faut composer en matière de prévention et d'accompagnement. Les jeunes sont nés et vivent dans ce contexte. La posture d'accompagnement des adultes (parents, professionnels) devrait donc intégrer une meilleure compréhension des espaces

14. J. Lachance et M. Julier-Costes, « Le deuil dans un monde connecté », *op. cit.*

numériques et de leurs enjeux symboliques pour les jeunes.

2. Pour les jeunes qui les utilisent, les espaces numériques (réseaux sociaux, smartphone, Internet) soutiennent le vécu du deuil, qui est un processus lent de transformation de la relation avec le défunt, en leur permettant de maintenir celle-ci par-delà son absence.

3. Poster des messages, de la musique, voir qui en a posté, à quel moment, etc., fait désormais partie des usages, y compris en cas de deuil. Interroger le sens de leurs actes sans calquer directement nos propres représentations d'adultes est une porte d'entrée féconde pour comprendre les jeunes. Il importe également de ne pas les enfermer dans une vision ou une interprétation unique et réductrice.

4. Il est parfois difficile de réagir face au silence et au repli sur soi d'un adolescent ou d'un jeune adulte. Les interviewés disent apprécier que les adultes leur fassent savoir qu'ils sont présents et disponibles et laissent la place à la parole et aux gestes. Il arrive qu'ils ne sollicitent pas leurs parents ni les professionnels, ayant trouvé ailleurs le soutien nécessaire, tout en leur reprochant de ne rien avoir proposé. La « bonne » attitude semble alors être de suggérer sans jamais imposer.

« Comme un ex-voto déposé dans un mur »

Anne Le Pennec

Le propos de Martin Julier-Costes n'est pas celui d'un professionnel de l'accompagnement. Il ne s'inscrit pas non plus dans le cadre d'observation du psychologue. En tant que socio-anthropologue, il épie les invariants autour de la mort et du deuil et dissèque « la manière dont ils se rejouent ici et maintenant ». Quand les adolescents et jeunes adultes (AJA) du service d'onco-hématologie du CHU de Nantes, réunis le temps d'une séance d'éducation thérapeutique, décident d'inscrire le mot « fin » sur une feuille blanche et de dérouler le fil de leurs ressentis, nous sommes au cœur de son sujet. Natacha, l'infirmière puéricultrice qui animait ladite séance, rapporte leurs dires : « La fin, c'est l'injustice quand un enfant meurt. C'est aussi l'amour des mamans, dont ils prennent vraiment conscience à ce moment-là. Ces mêmes mères qui pleurent, discutent entre elles et annoncent la mort du voisin de chambre. Et c'est parfois la fin du traitement, le retour à la vie normale, la nécessité de retourner à l'école, la perte de sa place particulière de malade. » L'infirmière esquisse ensuite l'histoire de deux jeunes séropositifs qu'elle suit. Eux ne guériront pas, mais ils peuvent contenir la maladie, à condition de prendre leur traitement antiviral consciencieusement tous les jours. Nabil, 19 ans, accepte la contrainte. « Il veut devenir chauffeur routier », précise Natacha. Lucie a 17 ans. Elle ne prend pas régulièrement son traitement. « Elle connaît les conséquences de son choix, elle sait qu'elle peut mourir, mais bon… »

Quelques minutes plus tôt, Martin Julier-Costes, pull noir et cheveux très courts, a évoqué la place qu'occupent les réseaux sociaux dans l'élaboration du deuil chez des jeunes confrontés à la mort d'un des leurs. « Le numérique est un outil pour maintenir le lien avec le défunt et sa communauté, estime le socio-anthropologue. Comme aux funérailles, les vivants se parlent entre eux. Certains s'adressent directement à lui en message privé, parfois pendant des mois. Peu importe qu'ils croient être en contact avec le défunt ou pas. Facebook joue un rôle de médiation entre deux individus de "statuts" différents. Ce genre d'usage a du sens, comme un ex-voto déposé dans un mur. » Quand la parole numérique se tarit et que les publications cessent, faut-il fermer le compte ? En tant qu'administrateurs du compte du groupe AJA, Natacha et ses collègues tergiversent depuis un moment sur ce point. « Pourquoi ne pas demander leur avis aux jeunes en refaisant l'exercice de la feuille blanche ? », glisse malicieusement Martin Julier-Costes.

Une affaire éminemment collective

À ce stade de la discussion, la capacité des jeunes à faire corps social entre eux lorsque survient la mort d'un des leurs a déjà été soulignée. « C'est rassurant », insiste Pierre Poitou, psychologue à la Maison des adolescents de Saint-Nazaire. Il souhaite revenir sur les effets produits par la publication sur les réseaux sociaux comme Facebook de contenus concernant le défunt. « Le portrait qu'ils en dessinent est toujours idéalisé. En creux, cela vient dire aux jeunes qu'il faut mourir pour être aimé. Pour des jeunes fragiles, cela peut être très délétère. » Martin Julier-Costes rappelle que la phase d'idéalisation fait partie du processus de deuil. « La plupart des accompagnants que nous sommes n'ont pas encore bien intégré les usages du numérique, souligne-t-il. Aussi devons-nous garder en tête le fait que ces messages d'idéalisation peuvent rester accessibles en ligne pendant très longtemps. »

La mort, celle d'un proche ou la sienne, qui a eu lieu ou pourrait avoir lieu, traverse le quotidien de beaucoup d'adolescents. Selon Joëlle Remoissenet, écoutante à SOS Amitié, elle est évoquée d'entrée de jeu par 80 % des jeunes qui participent aux chats proposés par son association. « Ils en parlent parfois au sujet de situations qui peuvent sembler banales, comme des rapports difficiles avec les copains, avec les parents, ou pour une publication sur les réseaux sociaux », souligne-t-elle. Elle prend pour exemple cette jeune fille qui demande à être réconfortée parce qu'elle pleure beaucoup, s'inquiète de ne pas trouver de sens à sa vie et pense à se donner la mort sans pour autant s'en sentir capable, ce qui ajoute à son sentiment de nullité. C'est un commentaire sur son physique, prononcé des années plus tôt par un copain de son petit ami, qui serait à l'origine de son mal-être. Réaction à chaud du chercheur : « Faites parler les jeunes ! Ils disent tout des tourments adolescents et savent faire preuve d'une grande réflexivité. » Et de mentionner au passage les travaux d'un autre socio-anthropologue, Jocelyn Lachance, qui révèlent comment la pratique du selfie chez les jeunes filles leur permet de se montrer comme elles sont belles et contribue ainsi à colmater certaines brèches narcissiques. L'occasion de redire qu'Internet est « un vrai outil d'accompagnement des adolescents ».

La pratique du deuil a beau relever de l'intime, elle n'en reste pas moins une affaire de groupe, éminemment collective, qui se joue dans plusieurs sphères d'appartenance. « N'oubliez pas que ce que vous percevez du deuil d'un jeune ne résume pas ce qu'il vit dans ses différents cercles que sont l'école, la famille, le club sportif, etc. » Lorsque la mort s'invite dans une institution, par exemple à l'école, d'autres questions se posent, le plus souvent inédites. Que dire aux élèves ? À quel moment ? Par la bouche de qui ? Comment accueillir les réactions, avec quels rituels ? « Il faut absolument en discuter en amont dans les équipes, définir ensemble un protocole et se mettre d'accord sur la répartition des rôles », répond Martin

Julier-Costes. Il ne fait aucun doute pour lui que l'annonce du décès est du ressort du responsable de l'institution, car une telle nouvelle crée systématiquement du désordre. Si l'enseignant est celui par qui elle arrive, celui-ci aura toutes les peines du monde à remettre de l'ordre dans sa classe par la suite. Tandis qu'un exemplaire de l'ouvrage *La mort à l'école*, de Martin Julier-Costes, passe de main en main, quelqu'un dans la salle insiste sur la nécessité d'inclure les jeunes dans la réflexion et le choix des rituels mis en place le cas échéant. « C'est fondamental, confirme le chercheur, tout comme il est indispensable de délimiter ce rituel dans le temps. On le commence parce qu'on sait qu'il aura une fin. Sinon c'est une bombe à retardement. L'école est un lieu de vie dans lequel on ne doit pas laisser toute la place à la mort. »

6

La construction de l'estime de soi

Philippe Jeammet

L'estime de soi et la confiance en soi se créent en relation avec notre environnement. Cette construction est une dynamique, c'est la vie même : une force qui nous pousse vers la rencontre et le partage, ou vers le repli et la destruction. La vie se joue toujours entre deux émotions fondamentales : la peur et la confiance.

J'ai intégré en 1968 le premier service de psychiatrie de l'adolescent et du jeune adulte créé en France, et j'y suis resté pendant quarante ans. J'ai la chance, aujourd'hui encore, d'être en contact avec beaucoup d'anciens patients, y compris ceux que j'ai soignés dans les années 1970. J'en connais, des parcours de vie ! Qu'est-ce qui fait que certains sont allés vers la vie, c'est-à-dire la rencontre, la coconstruction et la créativité ? Et d'autres, vers la destructivité, qui peut conduire jusqu'à la mort – sans jamais, à mon avis, l'avoir désirée ? La question vaut pour chacun de nous. Seule l'expérience de vie, l'expérience philosophique du sens de la vie, est susceptible d'apporter une réponse, pas la théorie. Avec le recul, je m'aperçois que l'être humain est capable de justifier rationnellement n'importe quoi dans le sens qui l'arrange, c'est-à-dire qui lui convient émotionnellement. Le verre semble toujours à moitié vide pour les uns, à moitié plein pour les autres, il n'y a pas une vérité unique. Voilà ce que m'ont appris, de manière un peu caricaturale, les troubles dits « psychiatriques ». Qu'est-ce qui fait basculer les patients d'un côté ou de l'autre ? Ce n'est pas que, soudain, ils ont décidé d'aller bien ! Ils ne savent d'ailleurs pas pourquoi la situation a changé. Mais, tout d'un coup, parce qu'ils ont fait une rencontre qui leur a donné envie de prendre le risque de vivre, des choses les intéressent, ils se remettent à voir le verre à moitié plein.

Le contraire est vrai, également. J'ai suivi un patient d'une trentaine d'années atteint de schizophrénie. Il avait essayé de devenir pâtissier ou cuisinier, mais il n'avait pas pu rester longtemps chez son employeur. Pourquoi ? Pas à cause de la toute-puissance du psychotique, dont on nous a rebattu les oreilles, mais parce que, lorsqu'il avait été confronté à son impuissance, sa panique d'enfant perdu avait ressurgi et le submergeait. Quand on renvoie une personne fragile à ce qui ne fonctionne pas chez elle, cela la plombe de façon massive et elle risque l'effondrement. Cet ancien patient a écrit un livre[1] où il s'interviewe lui-même. Un dialogue extraordinaire. Ce faisant, il a exercé son activité réflexive. Une personne schizophrène n'est pas hors du champ du symbolique, et elle n'est pas constituée par sa structure psychotique. Son mode de fonctionnement fait que, quand elle est débordée, quelque chose se désorganise en elle.

Plus tard, j'ai soigné une jeune femme bipolaire, Agathe Lenoël, qui, depuis, a témoigné de son expérience dans un ouvrage[2]. Notre service a aussi reçu pour une anorexie grave une patiente de 16 ans qui, en outre, s'était tailladé l'ensemble du corps et décollé les rétines à coups de poing sur les yeux. Nicole Desportes – c'est son nom – a vécu huit années d'hospitalisation en quinze ans. Aujourd'hui, à 50 ans et quelque, elle n'a plus du tout de traces d'anorexie, travaille dans le milieu social et a publié un livre[3] d'une qualité d'écriture et d'une justesse tout à fait remarquables. Ces exemples nous montrent que ces troubles ne sont pas irrémédiables. Ces trois personnes ont chacune leur propre sensibilité, bien sûr, mais elles ont un point commun : toutes sont hypersensibles à la déception et, si elles se sentent abandonnées, le vivent avec une intensité plus grande que la moyenne d'entre nous. C'est dans ces moments-là

1. P. Tonka, *Dialogue avec moi-même. Un schizophrène témoigne*, Paris, Odile Jacob, 2013.
2. A. Lenoël, *Qui suis-je quand je ne suis pas moi ? Une bipolaire témoigne*, Paris, Odile Jacob, 2015.
3. N. Desportes, *Voyage jusqu'au bout de la vie. Comment j'ai vaincu l'anorexie*, Paris, Odile Jacob, 2016.

que l'estime de soi, l'image de soi et la confiance en soi jouent un rôle crucial.

L'estime de soi n'est pas un état. C'est le résultat de toute une dynamique qui dépend de la rencontre entre un génome, que l'on n'a pas choisi, et un environnement, que l'on n'a pas choisi non plus. Comme la vie. Le vivant se construit dans un échange avec l'environnement. Prenez l'exemple des troubles bipolaires… Comment expliquer qu'une personne puisse être si exaltée, avoir le sentiment que tout est formidable, que trois mois plus tard, elle trouve le monde affreux et veuille tuer conjoint et enfants, et que trois mois après, elle se demande comment elle a pu avoir de telles pensées ? Voilà qui remet en question notre intelligence, notre rationalité ! En réalité, nous sommes tributaires de notre vie émotionnelle, et c'est une question de chimie. Cela n'a aucun sens de vouloir opposer psychologie et biologie. La qualité relationnelle – comme les souvenirs – mobilise la chimie du cerveau (neurotransmetteurs, hormones du plaisir ou du déplaisir, etc.) et déclenche des émotions positives ou négatives qui ont un impact sur notre comportement. Est-ce que je vis une relation de plaisir, de confiance ou, à l'inverse, de peur ? La même force qui nous porte vers la vie, la créativité, peut aussi nous pousser vers le repli, la destruction. Elle dépend de notre estime de soi et de notre confiance en soi qui, elles-mêmes, dépendent de notre tempérament, de notre histoire, de nos rencontres… Nous sommes tous hypersensibles à la rencontre, mais plus nous sommes explosifs, fragiles intérieurement, plus celle-ci compte pour nous. Il faut en finir avec l'idée qu'une personne EST comme ceci ou comme cela ! Non, elle N'EST PAS comme ceci ou comme cela : elle a des potentialités qui, selon la qualité de son environnement, les rencontres qu'elle a faites, l'emmènent vers la créativité ou la destructivité.

Le besoin d'une relation forte avec autrui, dès qu'il est déçu, peut devenir destructeur. On perd alors confiance en l'autre et cela détruit aussi quelque chose en nous, en miroir. Il faut ensuite vivre suffisamment d'expériences positives pour que la confiance, trompée, puisse se reconstituer et reprendre le dessus. Mais les troubles sont toujours réversibles, parce que la confiance n'est pas un état : elle renaît quand je décide de croire à nouveau en autrui. Le problème, c'est que dès que je décide d'aller vers les autres, je perds la maîtrise. Tout ce qui est de l'ordre de la vie se joue au risque de la déception. La vie suppose la rencontre avec l'autre qui, toujours, peut nous échapper. C'est d'ailleurs ce qui fait la valeur de cette rencontre : elle n'est pas obligatoire et elle ne marche pas à coup sûr. Dès que l'on veut mettre une personne sous emprise, cela dégénère. La possessivité est l'expression de la peur : « J'ai peur de te perdre si tu ne m'appartiens pas. » Cela n'empêche pas l'amour, bien sûr ! Mais on ne tue pas quelqu'un « par amour », on le tue parce qu'on ne supporte pas de l'avoir perdu.

La vie ne se contrôle pas. Cette donnée de base – que nous montrent, comme un miroir grossissant, les troubles psychiatriques – nous concerne tous. La seule chose que nous contrôlons, c'est la destruction. Le seul moyen d'être sûr du résultat d'un examen, c'est… de ne pas le passer ! Même si vous avez très bien révisé et que vous avez 99 chances sur 100 de réussir, vous pouvez perdre vos moyens. En revanche, si vous n'y allez pas, vous êtes sûr d'échouer, mais c'est vous qui l'aurez décidé ! Telle est la force de la destructivité : critiquer, démolir, cela marche toujours. Construire est plus aléatoire. Personne ne peut vous garantir : « Vous allez monter un groupe de rock ou écrire un livre, et ça va marcher. » Maltraiter son corps, agresser les autres, s'isoler… c'est plus facile que de prendre le risque d'échouer et d'être déçu. C'est ce que nous montrent nos patients.

Tous les troubles psychiatriques, selon moi, reflètent un sentiment d'insécurité intérieure et peuvent être vus comme des conduites destinées à protéger un lien fragilisé ou menacé. Je me sens abandonné, méprisé, j'ai peur de la rencontre, de dépendre de quelqu'un, j'ai peur et je me ferme. Je reprends ainsi du pouvoir sur ma vie, j'atténue mes angoisses. Le patient ne décide jamais de son comportement ; à un moment donné, il a peur, et ce comportement atténue sa peur : il se replie sur lui-même ou devient violent (contre lui-même, contre les autres), mais il souffre moins. Quand je demande aux personnes qui se scarifient : « Pourquoi faites-vous cela ? », elles me répondent : « Je ne sais pas, c'est plus fort que moi, ça me soulage. » Faites l'expérience avec votre prochain patient, dites-lui : « Cela vous soulage ? Super, passez-moi un couteau, je vais vous aider. » Il vous répondra alors : « Mais ça va pas la tête ? Vous allez me faire mal ! » En formulant cette réponse, il comprendra alors une chose fondamentale : quand il se scarifie, il ne ressent pas la douleur parce qu'il est acteur de ce geste, ce qui serait différent s'il le subissait. Tous les troubles psychiatriques sont des processus autocalmants, des remèdes que le patient se donne pour avoir l'impression de maîtriser sa vie. Or, cette maîtrise consiste toujours à se priver de quelque chose (nourriture, compagnie d'autrui, etc.), elle est destructrice.

Pourquoi ce besoin de maîtrise ? Dès le départ, la vie est mouvement, elle naît d'une appétence. L'individualisation de la cellule se fait par le biais d'une frontière, la membrane cellulaire, par laquelle la cellule échange avec l'extérieur : si la membrane est trop fragile, la cellule meurt au moindre choc ; si elle est trop épaisse, la cellule meurt aussi, parce qu'elle ne peut plus échanger. Telle est la réalité de notre vie : je dois me nourrir des autres pour exister et, pour être moi, je dois me différencier d'eux. L'adolescent sait qu'il a besoin d'écouter ses parents. Mais comment leur obéir et se différencier d'eux ? L'amour réactive très fortement cette tension : j'aime une personne au point de vouloir fusionner avec elle mais, si je dépends trop d'elle, cela lui donne du pouvoir sur moi. Les troubles psychiatriques expriment cette peur de la dépendance : plus on a besoin de quelqu'un, moins on se sent en confiance, plus on s'accroche, plus notre autonomie est menacée. C'est ce qui fait que la vie est difficile, pour tous. La confiance n'est pas un acquis : nous devons accepter d'être pris entre ce besoin d'être complété par l'autre et celui d'être différent de lui. C'est possible, en acceptant la différence.

Cette tension a pris des proportions très importantes chez l'être humain du fait de sa conscience réflexive – avoir conscience de son impuissance rend ce vécu intolérable – et de la conscience qu'il a de sa mortalité. Notre société éprouve une espèce de fascination pour la mort violente. Pourquoi ? Parce que donner la mort ou se la donner est une façon de retrouver du pouvoir sur sa vie. Le suicide est un acte de vie ! Pour construire, on a toujours besoin des autres ; en revanche, celui qui détruit est toujours seul maître à bord. La destructivité est ce que j'appelle la « créativité du pauvre », de celui qui n'a pas d'estime de soi. Tout d'un coup, il redevient le plus fort, il se sent exister, comme les terroristes kamikazes.

En ce moment, je suis sollicité par des diabétologues dont les patients adolescents refusent de suivre leur régime. Ces médecins ne comprennent pas leur comportement. Pour moi, c'est simple. Ces jeunes vivent comme une injustice le fait d'avoir un diabète de type 1 et se sentent totalement impuissants face à la maladie. En revanche, ils peuvent observer – ou non – leur traitement : « Je mange du sucre quand je veux, autant que je veux ! »… Pourquoi ne pas se poser en miroir face à eux, par exemple en utilisant le psychodrame, qui est le comble de l'activité réflexive. Je conseille aux médecins de leur dire : « Tu sais, moi, quand j'entends ça, je me dis "Quel petit con, il ne comprend pas pourquoi je me bats pour qu'il prenne son traitement !" Je m'énerve parce que tu me touches et que je me sens totalement impuissant devant toi. Toi, tu es impuissant face à ton diabète ; et moi, devant toi. Au fond, nous sommes seuls et impuissants tous les deux. » Encore faut-il, pour reconnaître cette impuissance, reconnaître le plaisir et la valeur du partage dans la rencontre. Elle est au cœur de ce qui fait la vie.

« Mettons en avant ce qui va bien chez les jeunes »

Anne Le Pennec

Des yeux, il balaie la salle comble et déjà accablée de chaleur. Sa voix tremble un peu quand il prend la parole. Comme si lui, qui affirme que nous sommes tous tributaires de nos émotions, était sous le coup de la sienne. L'émotion qui va et vient, nous traverse et parfois déferle, aux prises avec les tensions de l'être, l'émotion à la puissance énorme, tantôt créatrice tantôt destructrice. Pour Philippe Jeammet, psychiatre depuis quarante ans, l'estime de soi est de cet ordre-là. Pas une marchandise qui s'échange et se négocie. Ni un réservoir qu'il conviendrait de remplir régulièrement pour refaire les niveaux. Elle est un élan qui se fraie tant bien que mal un chemin entre les souhaits et les peurs, les contraintes et les envies. Certaines ambiances l'encouragent, d'autres lui font obstacle. Il y va de la responsabilité des accompagnants, professionnels et parents, de la favoriser autant que faire se peut. « Nous, professionnels, sommes trop formés à repérer ce qui ne va pas, au lieu de nous appuyer sur les potentialités des personnes, sur leur capacité à s'ouvrir aux autres », observe-t-il. Il invite la salle à se départir de l'habit de l'expert en présence des adolescents et à renouer avec le naturel, pour faciliter la rencontre humaine, moteur essentiel de la construction de l'estime de soi. « Celui qui se prive de relations s'enferme et s'abîme », résume-t-il.

Comment encourager l'estime de soi quand on travaille pour une association de prévention des troubles du comportement alimentaire (TCA) qui intervient dans les collèges et les lycées ? Pour Philippe Jeammet, associer TCA et faible estime de soi est réducteur. « L'estime de soi est une dynamique entre attentes et confiance, insiste-t-il. Le jeune anorexique a énormément d'appétit, pas pour la nourriture, bien sûr, mais au sens figuré du terme : il a des ambitions fortes. Faute de sécurité et de confiance en soi, son appétit lui fait peur : "Je vais trop dépendre des autres, je ne vais pas être aimé comme je voudrais ou obtenir ce que je souhaite." Or, quand on a peur, on peut être tenté de retrouver un pouvoir par le contrôle, notamment en se fermant aux autres ou en maîtrisant son alimentation. Disons-leur que cette voie est tentante, mais qu'elle est injuste car elle enferme, détruit le lien et les détruit eux-mêmes, qui ont le droit de s'épanouir. Qu'il existe d'autres voies, d'autres moyens d'exprimer leurs désirs et de les réaliser. Mettons aussi en avant ce qui va bien chez eux et trouvons les fils positifs : il en existe toujours. »

« Et vous, vous en êtes où de votre estime de soi ? »

Pierre Poitou, psychologue à la MDA de Saint-Nazaire, raconte comment les errements et soubresauts de l'estime de soi de Lucie l'ont happé. Lui, le professionnel. Quand il rencontre Lucie pour la première fois, elle a 17 ans, des difficultés d'apprentissage et des idées noires. « Tout ce que je lui proposais du côté de la vie était systématiquement mis à mal », se souvient-il. La jeune fille, qui aime se promener sur les falaises pour voir le coucher du soleil, se dit trop nulle, trop lente, incapable d'y arriver. « Plus j'essayais de l'aider, moins ça marchait, reconnaît-il. Je me sentais comme dans des sables mouvants qui m'entraînaient moi aussi. » Sa puissance soignante est atteinte, il prend un peu de distance et constate que Lucie s'en porte plutôt mieux. Elle obtient son bac pro, part à Paris, fait une école de mode, tombe amoureuse. Attachée à ceux qui l'ont accompagnée à la MDA, elle continue de donner des nouvelles. Pierre Poitou apprend qu'à la suite d'une rupture tout s'est effondré : « Son estime de soi est de nouveau tout en bas et lui fait l'effet d'un panier percé. » Le réservoir et ses niveaux, encore… Philippe Jeammet réexpose son point de vue : « On ne peut pas demander à quelqu'un : "Et vous, vous en êtes où avec votre estime de soi ?" L'estime de soi n'est pas un réservoir, et elle n'est pas non plus binaire. Il nous faut sortir de cette ambiguïté. » Dans le cas présent, il suggère d'interroger la nature des attentes de Lucie quant à sa vie professionnelle et à son couple, plutôt que de focaliser sur l'estime de soi. Des attentes qui, si elles sont trop élevées, pourraient bien l'écraser. « Des exigences démesurées engendrent des tensions, des déceptions. Quand on veut tout embrasser dans une position de maître de l'univers, tout ce qui s'offre à soi est insuffisant. »

Cédric, Eddie et Jordan, trois jeunes en rupture scolaire, illustrent ensuite, par le biais d'un film, que l'estime de soi peut se construire par le sens et la valeur de ce que l'on accomplit. Filmés pendant la préparation d'un vide-grenier dans l'atelier où ils fabriquent les objets qu'ils veulent vendre, ils montrent comment ils travaillent, s'accrochent et vont au bout de leur projet. « On sait faire des choses bien, on n'est pas que des jeunes qui ont fait des bêtises », commente l'un d'eux face à la caméra. « Ça marche parce qu'ils sont entourés par des gens motivés, qui créent une ambiance propice à l'estime de soi. Cette atmosphère est contagieuse et permet de tenir, même si c'est difficile », remarque Philippe Jeammet. À l'école aussi, le climat est déterminant pour soutenir la confiance en soi des élèves. Anne Bosc, professeure en lycée, en est convaincue. Elle raconte comment, dans son établissement, un projet visant à développer le bien-être des élèves s'est mué en une palette d'initiatives pour construire, en quelques années, un climat scolaire serein et bienveillant. « Réfléchir à sa pédagogie, décomplexer ses élèves par rapport à l'erreur ou mettre en place la classe inversée sont des moyens parmi d'autres d'y contribuer en tant qu'enseignant », précise-t-elle. La chaleur est toujours étouffante et les chuchotements tournent au brouhaha. Il y aurait encore tant à dire ! « Merci de nous raconter aussi ce qui marche, ça fait du bien », glisse un participant. Philippe Jeammet, qui a dû partir pour prendre son train, aurait aimé cette note de fin, qui ne conclut pas mais invite au changement climatique…

7

Usages et dépendances à l'adolescence : soutenir la relation éducative

Jean-Pierre Couteron
Muriel Lascaux

Les adolescents d'aujourd'hui sont-ils nécessairement addicts ? Faut-il avoir peur de leurs expérimentations et abus ? Peut-on prévenir leur usage abusif de produits psychoactifs, d'écrans ou de réseaux sociaux et, au-delà, leurs prises de risque ?

La découverte de l'usage occasionnel ou fréquent d'une substance psychoactive chez un adolescent nécessite d'intervenir. Mais l'inquiétude, la colère ou le sentiment d'échec qu'il suscite peuvent amener les parents ou les éducateurs à surréagir plutôt qu'à agir. À l'inverse, l'ignorance et la banalisation de cette conduite et, par conséquent, les habitudes prises par le jeune peuvent retarder de nécessaires ajustements. Banalisation et dramatisation le laissent seul face à ses premières expériences avec un produit ou un objet potentiellement addictif. La première lui fait croire qu'il suffit d'expérimenter pour « gérer », la seconde revient à considérer chaque expérience comme un danger majeur.

Idéalement, il faudrait chercher à prévenir les risques, accompagner le processus de responsabilisation de l'adolescent et l'amener vers l'autonomie. Cela conduit à imaginer une éducation préventive, c'est-à-dire susceptible de compenser les déséquilibres de notre société addictogène. Un réseau de Consultations jeunes consommateurs (CJC) a été créé en 2005, avec l'objectif d'associer prévention des conduites à risque et accompagnement des jeunes et de leur entourage. Le déploiement de ce réseau sur tout le territoire[1] a été complété par une vaste étude[2] sur l'efficacité d'une méthode thérapeutique familiale dite « multidimensionnelle » (MDFT, pour *Multidimentional Family Therapy*) développée aux États-Unis, comparativement aux prises en charge habituellement proposées aux jeunes usagers de cannabis dans les pays européens participants. Soutenue financièrement par la MILDECA[3], elle a pour ambition d'introduire cette

1. http://www.drogues-info-service.fr/Tout-savoir-sur-les-drogues/Se-faire-aider/Les-Consultations-jeunes-consommateurs-CJC-une-aide-aux-jeunes-et-a-leur-entourage#.W5UFby3pMWo

2. Baptisée INCANT, pour *International Cannabis Need of Treatment*. Lire à ce sujet O. Phan, C. Bonnaire, N. Bastard et C. Jouanne, « Le projet INCANT », *Psychotropes*, vol. 14, n° 3, 2008.

3. Mission interministérielle de lutte contre les drogues et les conduites addictives.

thérapie dans chaque région. Elle a également été l'occasion de formaliser les pratiques cliniques françaises et a donné lieu à la publication de deux ouvrages : en 2014, le *Manuel PAACT*[4], accessible gratuitement aux professionnels depuis 2017, et un ouvrage grand public, *Adolescents et cannabis. Que faire*[5] *?*, pour aider éducateurs, parents et professionnels à accompagner un jeune usager. L'idée étant que plus précocement on intervient, mieux on le protège d'évolutions pénalisantes pour son avenir.

Répondre à la société addictogène par une éducation préventive

La France est l'un des pays européens où les adolescents consomment le plus de produits psychoactifs : 80 % des jeunes âgés de 17 ans en expérimentent plusieurs, entre tabac, alcool et cannabis[6]. L'expérimentation du cannabis (au moins une fois dans sa vie) concerne un adolescent sur quatre en troisième, et quasiment un adolescent sur deux à l'âge de 17 ans[7] ; sa consommation

4. M. Lascaux, J.-P. Couteron et O. Phan, *Manuel PAACT. Processus d'accompagnement et d'alliance pour le changement thérapeutique*, Fédération Addiction, 2014. Disponible en ligne : federationaddiction.fr/parution-du-manuel-paact-outil-dappui-aux-professionnels-cjc/
5. J.-P. Couteron, M. Lascaux et A. Stehelin, *Adolescents et cannabis. Que faire ?*, Paris, Dunod, 2017.
6. Enquête ESCAPAD 2017, https://www.ofdt.fr/enquetes-et-dispositifs/escapad/
7. *Ibid.*

régulière (au moins dix fois dans les trente derniers jours), moins de un adolescent sur dix[8]. Ces chiffres inquiètent néanmoins les adultes, qui cherchent des coupables ou des responsables. Notre société addictogène, qui encourage l'excès, l'instantané et la performance, est-elle en cause ? Ou bien les paradigmes d'éducation, qui ont évolué, avec une transmission des savoirs moins verticale et une relation d'autorité moins hiérarchique, au bénéfice d'une information plus horizontale via Internet et les technologies de la communication ? Doit-on accuser une idéologie permissive qui valorise le plaisir et, donc, l'achat d'objets de plaisir, encouragé par des intérêts économiques dominants ? Ou, plus subtilement, la volonté de certains d'être le « meilleur » parent, c'est-à-dire celui qui dit « oui » à tout ? Ou encore l'action des drogues elles-mêmes, qu'il s'agisse des substances traditionnelles, plus fortement dosées en principes actifs et aux effets toujours plus délétères sur le cerveau encore immature de l'adolescent et sur son développement psychosocial, des nouveaux produits de synthèse, ou de tel ou tel nouveau mélange ?

Pour accompagner l'adolescent, parents et éducateurs ont besoin d'adopter des attitudes et des stratégies adaptées aux situations qu'ils rencontrent. Les questions-observations ci-dessus invitent à préciser la place qu'ils peuvent occuper comme ressources pour éviter et/ou retarder l'expérimentation de ces produits par l'adolescent,

8. *Ibid.*

et en limiter les risques. Elles invitent à penser une éducation préventive et à ne pas s'enfermer dans les seuls registres de la morale et du danger, lesquels renforcent chez le jeune le sentiment d'impuissance, de colère et de peur. Considérer les expériences d'un adolescent comme des « risques » – celui de modifier certains domaines de sa vie, de sa scolarité, de ses relations sociales et familiales, ou encore celui que sa consommation, dite « festive », se chronicise et tourne à l'addiction – et non comme des « dangers » aide l'éducateur à se positionner entre banalisation et dramatisation.

De façon plus générale, considérer les risques plutôt que les dangers redonne aux adultes leur pouvoir d'agir et leur rôle d'éducateurs en leur ouvrant une temporalité pour répondre, dans une double démarche de réduction de ces risques et de soutien. Un danger doit être neutralisé, un risque requiert un accompagnement de la personne : la première proposition est illusoire et ambitieuse, la seconde est accessible et éducative. La consommation de cannabis ou d'alcool chez leur adolescent ne doit pas déposséder les parents du rôle qu'ils assument depuis ses premiers pas. Mais où placer le curseur, entre sa protection et l'encouragement de son autonomie, sans l'abandonner à sa recherche de plaisir, de performance et d'intégration sociale ? Comment éviter qu'il réserve aux seuls produits psychoactifs et écrans le pouvoir de le calmer, accentuant ainsi leur attrait ? Il faut renforcer l'accompagnement de l'adolescent dans sa rencontre avec la société d'aujourd'hui pour qu'il profite des chances qu'elle offre (accessibilité aux données accrue, grande liberté de choix...) tout en réduisant et en gérant les risques qu'elle comporte.

Agir avec un adolescent usager de cannabis

Malgré ces efforts pour promouvoir une éducation préventive, des adolescents continueront d'expérimenter et d'entrer dans des usages réguliers, parfois quotidiens, et ne demanderont aucune aide, persuadés de retirer plus de bénéfices que d'effets indésirables de leur consommation. La plupart des adultes s'accordent sur le fait qu'« il faut en parler, maintenir le dialogue et mettre un cadre », mais ces mêmes adultes témoignent de leur difficulté à mettre cette conviction en pratique – « On lui parle, mais il ne nous écoute pas ; quant aux règles, ce n'est pas faute de lui en donner, mais il ne les respecte pas ! » –, d'autant que « la drogue » reste un sujet tabou en famille.

Il est donc nécessaire d'accompagner la réflexion sur l'éducation préventive d'une démarche psycho-éducative, qui ambitionne d'aider les parents et les professionnels à construire sans peur, étape par étape, une relation éducative visant à protéger l'adolescent, à lui éviter de s'exposer à de trop gros risques et à l'amener vers l'autonomie. Accompagner les parents peut se faire selon un processus en trois étapes : se préparer à engager le dialogue dans des conditions favorisant la relation de confiance avec l'adolescent ; agir pour écouter, dialoguer et cadrer ; enfin, maintenir le cap en gérant les conflits, les angoisses de changement chez l'adolescent et les risques de rechute. Il propose des informations, des réflexions, des outils concrets et pratiques, des exercices ludiques et des illustrations.

Première étape : comment être prêt à engager le dialogue ?

Mettre à distance la réaction émotive (inquiétude, colère, impuissance) qui suit la découverte d'un usage, qui risque d'entraîner des attitudes ayant l'effet inverse de l'objectif visé – contribuer au bien-être –, reste un vrai défi pour un adulte engagé dans une relation éducative. Pour l'y aider, le manuel suggère de « visiter » trois registres : celui des perceptions, celui des objectifs et celui des interactions relationnelles. Cela va permettre :
– d'accepter la différence de perception pour éviter les débats stériles du type : « Je gère ! – Non, tu exagères ! » L'adolescent a besoin de cette différenciation pour se construire, et celle-ci n'augure en rien de l'adulte qu'il sera et des valeurs qu'il défendra plus tard. Remettre en route le processus de dialogue permettra de réduire ensuite l'écart ;
– de changer de cible d'attaque. Le cannabis n'est qu'un moyen – certes, pas idéal – qu'il a trouvé pour se sentir mieux : il ne cherche pas à se détruire. Plutôt que de lutter « contre », intéressons-nous à sa recherche de mieux-être ;

– d'éviter quelques pièges de communication que les adolescents ressentent comme dévalorisants. Vouloir convaincre empêche d'écouter, vouloir ramener à la raison n'aide pas à « entendre » les raisons de son interlocuteur, adopter une posture moralisatrice opposant le bien au mal réduit l'ouverture à des possibles.

Deuxième étape : comment transformer le regard de son adolescent sur sa pratique ?

Pour faire évoluer le regard de l'adolescent sur sa consommation, deux types d'action, classiques dans d'autres domaines, peuvent être utiles. Il convient simplement de les adapter :
– transformer les remarques et reproches en une écoute active. Les interventions du type : « Tu n'as pas besoin de ça avec tes amis, ne sois pas influençable » deviennent : « Qu'est-ce que t'apporte cette consommation quand tu es avec tes amis ? » Si l'on questionne l'ado sur ses comportements au lieu de juger sa personne, il se sentira mieux considéré et sera donc plus disposé à nous écouter ;
– transformer les remarques et reproches en responsabilisation. L'écoute active ne doit pas empêcher les parents de continuer à « cadrer » sa prise d'autonomie et sa vie au sein de la famille. Les interventions du type : « Tu n'es pas capable de t'arrêter, tu gâches tout » deviennent : « Quelles sont les conséquences de ton comportement ? Quels risques prends-tu ? » Reformuler le cadre selon les termes « règles »/« conséquences », pour lui et les autres

membres de la famille, plutôt que selon les termes « interdit »/« autorisation », centrés sur l'usage, l'aide à identifier ses limites et ses capacités de contrôle, et encourage sa responsabilisation.

Cette double approche redonne un pouvoir d'agir aux parents, qui doseront entre protection et encouragement à l'autonomie.

Troisième étape : comment maintenir le cap et coopérer ?

Il s'agit de rester confiant dans ce qui a été construit, tout en restant vigilant. Les évolutions positives n'étant pas toujours visibles ou sources immédiates de bien-être, les parents ou éducateurs devront gérer les angoisses liées aux changements, aux risques de rechute, aux doutes :
– en ouvrant les négociations (sans gagnant ni perdant) lors des inévitables et nécessaires conflits parents-ado, sachant qu'un adolescent prêt à négocier est un adolescent qui change !
– en qualifiant avec précision les efforts observés (au lieu de dire « C'est bien » ou « C'est mal », dire « Tu as bien su t'adapter », « Tu as fait preuve d'ingéniosité », « Tu as été courageux ») pour encourager les changements, renforcer la confiance en soi, la gestion émotionnelle, la fierté… et contrebalancer ainsi les effets positifs du produit ;
– en restant attentif aux éventuelles phases de rechute (qui font partie du processus normal de changement), et en définissant avec son ado des garde-fous pour agir vite (quels lieux éviter encore

quelque temps, avec qui faire telle activité plus qu'avec un autre, etc.).

CONCLUSION

L'intérêt d'une approche « psycho-éducative » pour les adultes, que l'on retrouve, par exemple, dans les groupes de parole pour parents, se justifie davantage avec l'actuelle extension du domaine des addictions et s'applique à l'ensemble des expérimentations à risque addictif des adolescents. Cette méthode apaise en effet les émotions, car elle informe les parents et les éducateurs, les conseille et leur redonne un pouvoir d'agir. Sans donner de leçon, partageons savoir-être et savoir-faire pour une coopération éducative !

« Hélas, on a encore du mal à penser l'avant-addiction »

Anne Le Pennec

Selon l'Observatoire français des drogues et des toxicomanies (OFDT), les chiffres de la consommation de tabac, d'alcool et de cannabis sont à la baisse chez les jeunes. Enfin ! En 2017, près de quatre adolescents de 17 ans sur dix ont déjà fumé du cannabis au cours de leur vie, et six ont déjà consommé du tabac. La baisse entre 2000 et 2017 est de 77,7 % à 59,0 % pour le tabac, et de 45,6 % à 39,1 % pour le cannabis[1]. La consommation régulière d'alcool accuse elle aussi un net recul depuis 2014. Néanmoins, la rencontre avec les substances addictives reste un grand classique des années collège et lycée. Pas étonnant, note le psychologue Jean-Pierre Couteron, président de la Fédération Addiction[2] : d'une part, ces consommations répondent très bien aux problématiques de l'adolescent (transformations pubertaires, construction

---

1. « Les drogues à 17 ans : analyse de l'enquête ESCAPAD 2017 », *Tendances*, n° 123, 2018.
2. Jean-Pierre Couteron n'occupe plus ce poste depuis juillet 2018.

de l'autonomie, relative immaturité des structures cérébrales impliquées dans le contrôle) et, d'autre part, la société elle-même est addictogène, invitant sans cesse à pousser ses sensations à l'extrême. « En somme, le besoin des ados de se rassurer et de contrôler leur environnement reflète notre problème à nous, qui aimerions modérer ces comportements, sans savoir comment », résume Patrick Cottin, directeur de la MDA 44, pour amorcer la discussion. Un conseiller principal d'éducation lui emboîte le pas : « Les consommations addictives se stabilisent, tant mieux, mais n'y a-t-il pas une contradiction avec le constat d'une société de plus en plus addictogène ? » Jean-Pierre Couteron esquisse le sourire de celui qui apprécie la remarque. « L'OFDT avance trois hypothèses : primo, les sociétés évoluent, et nous sommes peut-être au début du passage vers une époque moins addictogène ; secundo, une partie des addictions aux produits se déplacerait vers la consommation d'écrans, pas nécessairement addictive, du reste ; tertio, il y aurait une explication mathématique, au moins au sujet du cannabis : nous aurions atteint le sommet de la courbe, une sorte de plateau dans la consommation. »

L'évocation des écrans comme objets d'addiction parmi d'autres fait réagir le pédiatre Georges Picherot : n'est-il pas gênant de les mettre dans le même panier, alors que les logiques d'initiation ne sont pas du tout les mêmes ? « Je suis d'accord, juge le président de la Fédération Addiction, mais force est de constater que les sociétés savantes en addictologie annexent la problématique des écrans. Je crois qu'une partie du problème vient du fait qu'en France les addictions sont uniquement traitées au regard de leurs conséquences médicales. La prévention est donc confiée aux médecins plutôt qu'aux éducateurs, ce qui est un piège. Il faudrait convaincre les pouvoirs publics que les soignants ne sont pas forcément les mieux placés pour réfléchir aux conduites addictives de façon plus globale et, surtout, aux conduites d'usage qui les précèdent. Sans compter que cela cache une vraie hypocrisie. On ne s'intéresse aux addictions qu'à partir du moment où elles causent des cancers ou d'autres maladies. Malheureusement, en France, on a du mal à penser l'avant-maladie, en l'occurrence l'avant-addiction. Cette surmédicalisation nous tire une balle dans le pied. »

Deux stratégies pour rester à côté

Pour autant, la partie n'est pas perdue pour les partisans de la prévention. Le témoignage de Benoît, infirmier de santé publique qui travaille pour l'association Avenir Santé, le prouve. Lui et les jeunes professionnels investis dans le dispositif Veilleurs de soirée misent sur la proximité générationnelle et rencontrent plusieurs soirs par semaine des 15-30 ans dans l'espace public. « Notre approche est très pragmatique, raconte-t-il. On leur demande ce qu'ils ont prévu pour la soirée. La plupart d'entre eux parlent alors facilement de leurs conduites à risque, ce qui nous permet d'orienter la discussion. S'ils comptent fumer un joint, on leur conseille d'utiliser un filtre de cigarette plutôt qu'un carton, on leur explique les risques dus à la combustion, et les avantages et limites d'un filtre. S'ils envisagent de prendre une pilule pour la soirée, on leur recommande de commencer avec un quart de cachet, pour voir ce qui se passe quand ça monte. Par principe, on n'utilise jamais la peur. »

Hochement de tête de Jean-Pierre Couteron, pour qui la réduction des risques est l'approche la plus appropriée : « On ne demande pas aux consommateurs d'arrêter mais de se décaler, de faire autrement. Par exemple, de prendre le temps de s'hydrater, de marquer des moments de repos dans la soirée, d'être attentifs au risque de mélange entre les substances utilisées. Les rencontres deviennent alors beaucoup moins conflictuelles. Ces propositions minimalistes font partie intégrante de l'accompagnement : on se place à côté de l'usager, puis on avance à son rythme. Cela nécessite de partager des codes avec les jeunes, d'où l'intérêt des interventions par des pairs. »

Changement de décor : un conseiller principal d'éducation évoque le cas de Sophie, 15 ans, qui, après un début de parcours chaotique marqué par le décrochage, réintègre de son plein gré le lycée afin de mettre en œuvre le projet professionnel qu'elle s'est choisi. Elle vit à l'internat, obtient de bons résultats au début. Mais, pour le CPE qui l'accompagne, il est clair qu'elle consomme du cannabis, même si elle est assez maligne pour ne jamais se faire prendre : elle fuit la discussion sur ce sujet, manque de plus en plus souvent les cours, ses résultats scolaires s'effondrent… Il la persuade de se rendre à la Consultation jeunes consommateurs, de passage dans l'établissement. L'addictologue de la consultation, soumis au secret médical, rapporte seulement que Sophie se fait aider, ce qui explique une partie de ses absences. Mû par son intuition, le CPE décide de fermer les yeux, au risque de se décrédibiliser. Il craint que Sophie, désormais majeure, ne quitte définitivement le lycée. Mais il doute : est-ce la bonne décision ? Comment faire autrement ? Responsable d'une Consultation jeunes consommateurs, Jean-Pierre Couteron connaît bien ce genre de dilemmes. « En agissant ainsi, il est certain que nous sortons de nos postures professionnelles. Mais nous réaménageons un cadre adulte qui permet à l'adolescent de mener à bien son travail de confrontation et d'élaboration, fondamental pour lui. » Invitée à réagir, la salle reste muette jusqu'à ce que quelqu'un ose : « Sophie est toujours au lycée, c'est déjà beaucoup. Il faudra bien un jour accepter votre impuissance et ne plus la suivre… » Le psychologue abonde dans ce sens : « Vous êtes un établissement de formation, pas un lieu thérapeutique. »

Une infirmière scolaire s'interroge : « Avant d'en arriver aux soins, ne pourrait-on pas favoriser la prévention primaire ? En France, on laisse beaucoup les jeunes fumer devant les établissements, ce qui influence leurs pairs. Pourquoi ne pas l'interdire ? » C'est sûr, reconnaît Jean-Pierre Couteron, dire « non » au tabac dans l'enceinte du collège mais « oui » à l'extérieur est une contradiction. « Reste qu'en pratique ceux qui ont besoin de fumer parce qu'ils sont devenus dépendants doivent pouvoir le faire… et ils le feront de toute façon, ici ou ailleurs. La prévention consiste plutôt à empêcher les phénomènes d'influence et, via des dispositifs de réduction des risques, à aider les jeunes devenus dépendants au tabac à réfléchir autrement et à trouver des portes de sortie. »

8

La sexualité des adolescents d'aujourd'hui

Catherine Jousselme, Mireille Cosquer,
Léonard Lorimy, Emma Barron

L'adolescence est un sujet complexe qui focalise de plus en plus d'interrogations, ce que confirme le nombre croissant de publications internationales ces dernières années. Les médias nous présentent souvent nos ados comme des « sauvageons » ingérables, violents, ou comme des harceleurs en puissance, sans repères ni limites, ne respectant rien, addicts aux réseaux sociaux, au sexe et à la pornographie, même si les articles récents mettent aussi en lumière les aspects positifs de leur cyberculture. Sont-ils si différents de ceux de la génération précédente, particulièrement en matière de sexualité ? Se ressemblent-ils tous ? Sont-ils tous égaux face aux dangers inhérents à notre culture ?

Portraits d'adolescents, une étude épidémiologique[1]

En 2013, nous avons proposé à des jeunes, de la quatrième à la terminale (moyenne d'âge : 15,4 ans), vivant dans trois zones géographiques contrastées (Hautes-Alpes, Val-de-Marne et Poitou-Charentes), un autoquestionnaire anonyme utilisant une méthodologie de recherche mixte, quantitative et qualitative. Il comportait 350 questions regroupées en 9 sections (Perception de soi, Appréhension du corps, Sexualité, Environnement social et familial, Caractéristiques sociodémographiques, Loisirs, Consommation de substances psychoactives, Souffrance psychique, Santé) et a été rempli dans des conditions d'examen (seul à une table), durant une heure de cours encadrée par des adultes (infirmières, assistantes sociales scolaires, élèves infirmiers). Le but de l'enquête était de mieux rendre compte de la complexité des problématiques adolescentes actuelles du point de vue phénoménologique, sociologique et clinique. Les résultats ont permis de dépasser les clichés médiatiques, de proposer des actions de prévention véritablement efficaces dans le domaine de la santé, d'identifier des sous-groupes d'adolescents présentant des fonctionnements et/ou des comportements à risque et de mettre en évidence des facteurs protecteurs ou, à l'inverse, aggravants.

1. C. Jousselme, M. Cosquer, Ch. Hassler, « Portraits d'adolescents. Enquête épidémiologique multicentrique en milieu scolaire en 2013 », Inserm-Fondation Vallée, mars 2015. En ligne : presse.inserm.fr/wp-content/uploads/2015/03/portraits-dadolescents-mars-2015-1.pdf

RÉSULTATS

Avec un taux de participation de 91,4 %, l'enquête a permis de toucher 15 235 adolescents. Dans l'ensemble, ils témoignent de bonnes capacités introspectives et sont loin de correspondre aux clichés des jeunes inconscients, désenchantés et dépendants des objets plus que des liens. En effet, 88 % d'entre eux estiment que leur valeur ne dépend pas du nombre d'objets qu'ils possèdent, et ils préfèrent largement leurs amis réels (93,1 % des garçons et 91,2 % des filles en sont satisfaits ou très satisfaits) à ceux qu'ils rencontrent sur Internet (52,2 % des garçons et 41,5 % des filles en sont satisfaits ou très satisfaits). La valeur qu'ils s'accordent à eux-mêmes est liée à l'image qu'ils donnent aux autres et à leurs résultats scolaires, mais aussi à leur créativité (plus de la moitié).

Les filles paraissent plus matures et plus lucides que les garçons : elles se posent davantage de questions sur elles-mêmes (61,7 % *vs* 35,7 %) et sur le monde (57,8 % *vs* 49,6 %), elles ont davantage de doutes concernant l'avenir (46,4 % *vs* 29,7 %). En revanche, elles ont une moins bonne image d'elles-mêmes qu'eux.

Une grande majorité des adolescents se sent bien dans ses relations avec ses parents : 82,3 % avec leur mère et 70,1 % avec leur père, mais ces chiffres diminuent avec l'âge. Malgré cela, nos adolescents parlent peu de sexualité avec leurs parents (18,2 % avec leur mère, 5,5 % avec leur père). Ils préfèrent aborder avec eux des sujets comme la santé, l'école, l'actualité et le sport… D'ailleurs, ils parlent rarement de sexualité quel que soit l'interlocuteur (seulement 32,1 % des filles et 37,1 % des garçons le font assez ou très souvent) et échangent plutôt à propos de l'école, d'Internet et de la famille (pour les filles), du sport, d'Internet et de l'école (pour les garçons).

PUBERTÉ

Le processus de transformation qui vient bouleverser leur rapport au corps et les fait entrer dans la sexualité génitale commence plus tôt qu'autrefois, mais il dure plusieurs années, pour les garçons comme pour les filles. Il existe cependant un décalage entre eux quant à l'âge de la puberté : à 14 ans, 96 % des filles sont réglées, alors qu'il faut attendre 15 ans pour que 97,7 % des garçons aient mué.

Dans l'ensemble, ils sont attentifs à leur santé, à leur hygiène, à leur peau et à leur physique (87 %) et attachent de l'importance à leur façon de s'habiller (85,6 %). Ils décrivent majoritairement leur look comme « adolescent » ou « naturel ». « Féminin », précisent les filles, quand les garçons peinent à trouver leur définition du masculin (entre virilité et athlétisme).

68,4 % des adolescents mentionnent qu'au moins une partie de leur corps leur déplaît, surtout les filles (88,3 % *vs* 47,2 %). Moins confiantes quant à l'image de leur corps, elles sont plus souvent en proie au doute à propos de la qualité de leur image (45,3 % *vs* 20,2 %) et à la tristesse (11,5 % *vs* 2,8 %) quand elles se regardent dans le miroir.

Relations amoureuses

Au total, 88,2 % des adolescents déclarent avoir déjà été amoureux, l'âge médian pour leur première expérience amoureuse étant de 12 ans pour les garçons et de 13 ans pour les filles ; 77,1 % des garçons ont déjà dragué, contre seulement 53,1 % des filles, lesquelles ont dragué pour la première fois plus tardivement (âge médian : 14 ans *vs* 12 ans). Ainsi, garçons et filles se cherchent de manière différente et à des âges différents.

L'âge moyen du premier rapport sexuel (17,5 ans) a peu changé depuis dix ans. Dans notre population, 41,7 % des garçons et 33,9 % des filles déclarent avoir déjà eu un rapport sexuel (le pourcentage augmente avec l'âge, bien sûr !). En général, le premier partenaire des filles est plus âgé que celui des garçons (74 % *vs* 42,9 %). Et il est majoritairement de sexe opposé, pour les deux (97,4 %). Les premières se déclarent plus nombreuses à être amoureuses de ce premier partenaire (78,2 % *vs* 61,5 %). Ainsi, pour la majorité des jeunes, l'entrée dans la sexualité est loin de correspondre à une expérience purement mécanique ou addictive, dénuée de tendresse et de sentiment : malgré tout ce que l'on dit, l'amour entre partenaires reste, au premier rapport, très important pour une majorité des adolescents d'aujourd'hui, même si une différence existe entre les garçons et les filles à ce sujet. Quand elles sont en couple, les filles patientent davantage avant d'avoir un premier rapport sexuel (79,2 % d'entre elles et 61,2 % des garçons attendent au moins plusieurs mois). Les filles semblent donc plus prudentes dans l'engagement corporel que les garçons. Une population reste cependant inquiétante : celle qui déclare avoir eu un premier rapport très précoce (à 13 ans ou plus tôt), soit 10,7 % des garçons et 4,2 % des filles ; 21,3 % de ces jeunes venaient de rencontrer leur partenaire (contre 10,7 % de ceux ayant eu leur premier rapport après 14 ans) et 20,4 % n'ont attendu que quelques jours après leur rencontre (contre 16,5 %). Par ailleurs, si 14 % des jeunes (filles et garçons, tous âges confondus) n'ont pas utilisé de préservatif lors de leur premier rapport sexuel, ce chiffre augmente dangereusement quand ce dernier a eu lieu à 13 ans ou avant : 22,7 % des filles et 17,9 % des garçons n'ont alors utilisé aucun moyen de contraception. D'où des grossesses précoces…

FOCUS SUR LES GROSSESSES ADOLESCENTES

Dans notre échantillon, 163 filles (soit 2,4 %) ont déjà été enceintes, avec un gradient d'âge important : elles sont 6,8 % à 18 ans. Les trois quarts d'entre elles (118) ont effectué une IVG. Ces adolescentes représentent une population à risques multiples. Elles ont beaucoup plus d'idées noires que les autres (67,9 % *vs* 47,4 %) et ont davantage recours à des comportements destructeurs (83,3 % *vs* 48,3 %), 39,4 % d'entre elles sont déprimées, contre 16,2 %.

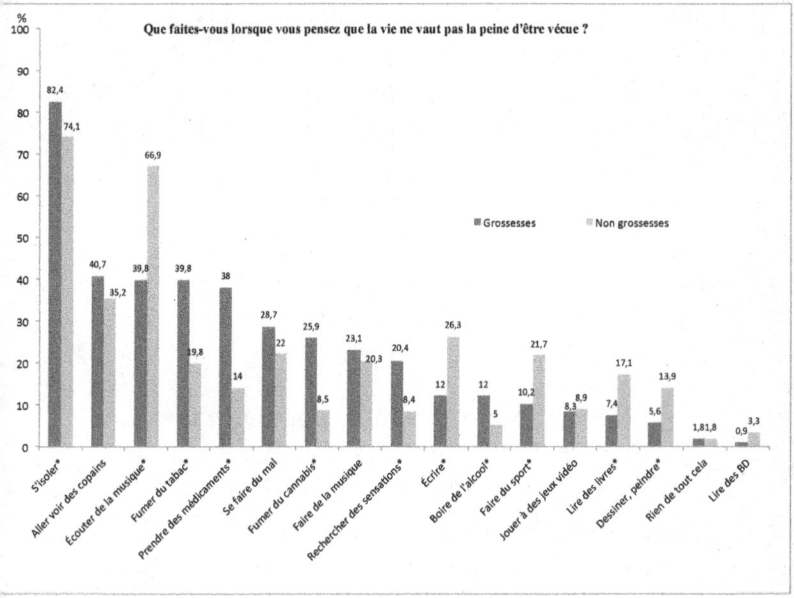

Elles sont aussi plus nombreuses à consulter un « psy » (20,2 % *vs* 8,3 %), qu'elles soient déprimées ou non ; à avoir déjà fait une tentative de suicide (24,5 % *vs* 10,1 %) ou plusieurs (26,4 % *vs* 4,4 %) ; à se faire mal exprès, assez ou très souvent (35,8 % *vs* 11,7 %) ; à participer à des jeux dangereux (24,1 % *vs* 4,8 %) ; à avoir eu des rapports sexuels précoces (29,4 % *vs* 12,5 %) et leur premier rapport sexuel avec un garçon qu'elles venaient de rencontrer (12,3 % *vs* 5,9 %) ; elles sont aussi moins nombreuses à utiliser un moyen de protection (75 % *vs* 91,2 %), comme le préservatif (25 % *vs* 9,8 %). Enfin, elles sont davantage expérimentatrices ou consommatrices de tabac, d'alcool et de cannabis. Ces chiffres montrent que les filles qui ont des grossesses précoces cumulent des facteurs de risque et des comportements à risque dans des domaines multiples, ce qui engage à développer pour elles des préventions multidisciplinaires multifocales et non pas uniquement centrées sur la mise en place d'une contraception.

Focus sur les adolescents présentant une attirance homosexuelle ou bisexuelle

On dénombre dans notre population 95,7 % de filles et 91,8 % de garçons ayant une attirance hétérosexuelle, 4,2 % des filles et 1,6 % des garçons sont attirés par les deux sexes – la différence est notable entre les deux sexes –, 1,9 % des filles et 1 % des garçons a une attirance homosexuelle et 2,2 % des filles et 1,6 % des garçons (les plus jeunes, surtout) ne sont attirés sexuellement par personne. On observe un lien entre l'âge et la nature de l'attirance sexuelle.

Par ailleurs, les adolescents qui présentent une attirance homosexuelle sont plus nombreux à être déprimés, selon l'échelle ADRS[2], dont les questions ont été intégrées à l'autoquestionnaire : 24 %, soit près d'un quart, contre 11,5 % de ceux qui présentent une attirance uniquement hétérosexuelle. Ils sont également plus nombreux à avoir fait une tentative de suicide (20,7 % *vs* 10,7 %). Le

---

2. A. Revah-Levy, B. Birmaher, I. Gasquet, B. Falissard, « The Adolescent Depression Rating Scale (ADRS): A validation study », *BMC Psychiatry*, vol. 7, n° 2, 2007.

phénomène est plus marqué chez les garçons, atteignant 21,4 %, alors que dans la population générale les filles sont nettement plus nombreuses à faire des tentatives de suicide que les garçons.

L’absence de soutien parental aggrave cette tendance : 33,9 % de ceux qui présentent une attirance homo- ou bisexuelle sont déprimés lorsqu’ils ne se sentent pas soutenus par leurs parents, et 37,4 % ont effectué une ou plusieurs tentatives de suicide, contre respectivement 17,5 % et 21,3 % de ceux qui sont soutenus.

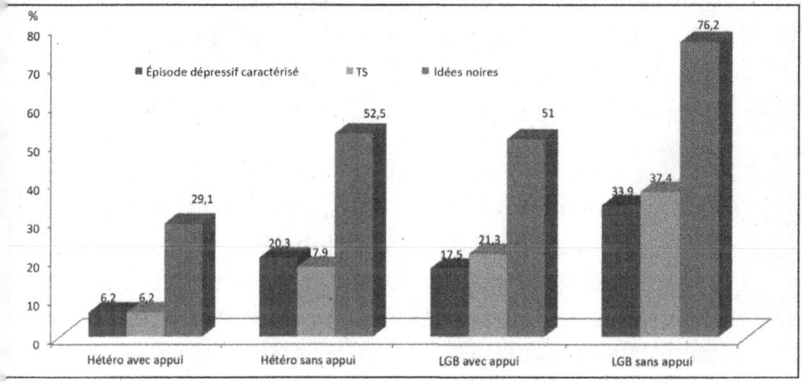

Épisode dépressif caractérisé, tentatives(s) de suicide et idées noires chez les hétéros et les LGB en fonction de l’appui parental

Les relations avec les parents sont donc primordiales pour que ces jeunes ne sombrent pas : il faut le faire savoir aux parents, mais aussi à tous les adultes qui les entourent.

Or, seulement 41,9 % des adolescents qui présentent une attirance homo- ou bisexuelle ont de bonnes relations avec leurs deux parents, contre

63,3 % des autres. Ils sont tout de même 70,1 % à bien s'entendre avec leur mère (contre 82,8 %) et 53,4 % (contre 70,7 %) avec leur père.

Enfin, il est à noter que, dans la population des jeunes déprimés, le soutien des amis compte bien plus quand ils présentent une attirance homo- ou bisexuelle, et fait à lui seul chuter le nombre de dépressions et de tentatives de suicide, tandis que les jeunes avec une attirance uniquement hétérosexuelle privilégient le soutien parental. La reconnaissance sociale reste par conséquent un élément fondamental pour ces jeunes que la stigmatisation plonge dans un désarroi potentiellement dangereux.

Pour conclure

La sexualité des adolescents d'aujourd'hui, contrairement aux idées reçues, n'a rien de caricatural. Ils l'abordent de façon globalement responsable en matière de contraception et de protection contre les MST. Leur premier rapport sexuel, très majoritairement hétérosexuel, a lieu avec une personne qu'ils connaissent depuis quelques mois, et dont ils sont amoureux (surtout les filles).

Pourtant, plusieurs sous-groupes d'adolescents nous paraissent traduire leur mal-être par des conduites de mise en danger sexuel (rapports sexuels très précoces, plus impulsifs et moins protégés, grossesses précoces). Enfin, la population des adolescents présentant des attirances homo- ou bisexuelles se révèle bien plus en souffrance et devrait être particulièrement soutenue par les adultes et la société.

« Aborder de front la question de la sexualité est quasi impossible »

Anne Le Pennec

Âge des premiers rapports, expression du sentiment amoureux et du désir, jouissance, séduction, règles, érection, homosexualité, pornographie, pourquoi pas prostitution… Catherine Jousselme n'a pas encore dit un mot, ni même chaussé ses lunettes rondes, que l'on fantasme déjà sur tous les thèmes qu'elle pourrait aborder pendant sa conférence. Qu'ils sont nombreux et vastes, ces sujets reliés à la sexualité des adolescents ! Quand la pédopsychiatre prend enfin le micro et se focalise sur le volet sexualité de l'enquête « Portraits d'adolescents », le vertige prend fin. Place aux constats, aux échantillons représentatifs, aux chiffres, aux tendances, dont il ressort que la grande majorité des adolescents va bien, mais que les autres, ceux qui vont mal, vont *très* mal. Pour eux, rappelle Catherine Jousselme, aborder de front et sans détour la question de la sexualité est difficile, pour ne pas dire impossible. Pour éviter l'impasse, prière d'emprunter l'itinéraire bis. « L'expression "éducation affective et sexuelle" est porteuse de tant de représentations qu'elle en devient bloquante. Mieux vaut discuter avec eux de l'adolescence en général, les faire travailler en groupes avec des outils de médiation (théâtre-forum, écriture de paroles, slam, sculpture…). C'est l'approche la plus porteuse pour saisir les quelque 10 % d'adolescents qui vont mal. » La salle acquiesce et prend acte, comme elle en a pris l'habitude toutes les fois où l'expérience parle.

L'expérience et le recul de la pédopsychiatre à la chevelure argentée… Mohammed, accompagnant social à la Maison des adolescents de Loire-Atlantique, espère qu'ils l'aideront à comprendre ce qui se joue pour Léa, dont il présente la situation. La jeune fille a 16 ans et demi quand elle pousse pour la première fois la porte de l'institution, adressée par son médecin traitant. Elle a « peur de faire n'importe quoi ». Cette fois-là, elle raconte ses parents peu disponibles, l'anorexie de sa grande sœur, les cris et la tension dans la maison. Elle évoque ses résultats scolaires brillants, ses années au collège en position de leader jusqu'au jour où une autre a pris sa place, son changement volontaire de lycée, sa relation amoureuse avec un garçon pendant un an. Après leur rupture, elle a commencé à utiliser Tinder. Brouhaha dans les rangs. Ceux qui connaissent le principe de cette application géolocalisée permettant de faire des rencontres près de chez soi et d'avoir des relations sexuelles immédiates l'expliquent à leurs voisins. Léa devient rapidement une utilisatrice régulière. Le jour où elle contracte un herpès génital, l'adolescente se rend chez une gynécologue. C'est la première fois. À Mohammed, Léa confie ses larmes et sa peur d'être « addicte au sexe ». Elle qui se sent si seule et ne sait pas comment combler ce vide, à moins de retourner sur Tinder…

Addicte aux bras

Invitée à réagir, Catherine Jousselme tient d'abord à souligner les « formidables ressources internes » de Léa – élève brillante en terminale malgré son mal-être manifeste, capable de faire le nécessaire pour changer d'établissement quand elle n'est plus la bienvenue dans son groupe d'amis, prenant d'elle-même l'initiative d'aller voir une gynécologue – et la non moins impressionnante sollicitude de l'accompagnant social à son égard. « Cette jeune fille semble avoir besoin d'immédiateté, avance prudemment la pédopsychiatre. Comme si elle n'était plus capable de se faire son petit cinéma interne pour attendre et faire face à la frustration. Sa rupture amoureuse l'aura replacée dans un vide interne, qu'elle tente de colmater par l'arrivée d'un homme dans son corps. Tinder le lui permet : dès lors qu'un homme et elle ont "liké" leurs photos de profil respectives, elle est certaine qu'il va venir et réanimer le lien affectif. » À ses yeux, Léa serait plus « addicte aux bras, à l'amour et aux liens à l'autre » qu'au sexe. « Si je la rencontrais, je crois que je lui demanderais si la pénétration lui procure du plaisir. Évidemment, c'est plus facile si c'est une femme plutôt qu'un homme qui lui pose cette question. » Son conseil vient fort à propos, puisque Léa vient juste de rencontrer la collègue psychologue de Mohammed – une femme, donc.

Que la sexualité travaille, voire bouleverse, les filles ainsi que les garçons pendant leurs années adolescentes ne fait pas un pli. Pour cette raison, les interventions sur le thème de la vie affective, relationnelle et sexuelle dans les établissements scolaires suscitent généralement beaucoup d'intérêt. « Nous explorons avec eux leurs représentations. Les jeunes se montrent très curieux », témoigne une intervenante de l'association Couples et familles de Loire-Atlantique. Et de constater que la pornographie est très présente dans les esprits, et ce « dès l'âge de 9 ou 10 ans ». Commentaire de Catherine Jousselme : « Beaucoup de parents et d'éducateurs se demandent comment élever les enfants dans notre monde devenu hypersexualisé. Nous devons surtout les aider à développer leur sens critique et leur compréhension du lien entre amour et sexualité. Les deux ensemble donnent du plaisir physique et dans la tête. À nous de leur dire que, quand on s'aime, on est dans le cœur de l'autre et de balayer avec eux tout un monde d'ersatz de l'amour. Pour ce faire, on peut notamment passer par l'intermédiaire du cinéma : comment s'aime-t-on dans les films et les séries qui leur plaisent ? » Le murmure enfle dans la salle, preuve que l'attention décline. Pourtant, la bénévole de Couples et familles a encore des choses à dire. Au moins une chose : les adolescent(e)s vivant avec un handicap mental ou psychique veulent eux aussi leur part de sexualité. Pour prolonger les échanges avec eux, l'association a rédigé et illustré un livret intitulé *La sexualité, parlons-en*. Quelques exemplaires sont distribués. Pendant que Catherine Jousselme en feuillette un, admirative du travail accompli, on se dit que ce thème-là, la sexualité en institution, on n'y avait pas pensé…

9

De la prise de risque aux conduites à risque

Daniel Marcelli

Il est de coutume d'associer adolescence et risque, et d'affirmer que « l'adolescence est l'âge où l'individu a besoin de connaître ses limites en les outrepassant régulièrement », que l'adolescent obéit à « une compulsion incontrôlable » ou que « la prise de risque aide l'adolescent à grandir ». Et de comparer celle-ci avec un rite initiatique, le risque ayant une « valeur », si ce n'est une « vertu » initiatique.

Mais le vocable de « risque » recouvre des réalités complexes, pas toujours bien différenciées.

La prise de risque, entre normalité et pathologie

Le risque est compris comme une situation susceptible de créer un état de morbidité – physique, psychique, morale ou sociale – ou de mortalité. Mais, quand on fait référence à la quête identitaire des adolescents, on sort du champ de la pathologie pour entrer dans celui de la construction de la personnalité. L'enjeu, pour les professionnels comme pour les parents, est de parvenir à distinguer une « conduite à risque » pathologique, où l'objectif premier de l'adolescent semble être de se prouver sa toute-puissance, voire son immortalité, d'une « prise de risque » participant de cette construction positive, inhérente à la santé de l'adolescent.

La prise de risque, un facteur de construction de soi

Pour connaître ses limites, l'adolescent a besoin de s'y frotter ! J'entends ici par « limites » aussi bien les capacités physiques que les règles sociales qu'il met à l'épreuve. Ainsi, dans les enquêtes sur la consommation de produits psychoactifs, le motif de consommation évoqué en premier ou en second lieu est toujours : « faire une expérience ». Reconnaissons qu'un jeune entre 12-13 et 18-20 ans qui refuserait systématiquement toute nouvelle expérience ne serait pas très épanoui ! Ces expérimentations ont d'ailleurs comme caractéristique essentielle de ne pas attenter gravement à la santé ou au bien-être. Prenons l'exemple du risque pris à vélo ou à mobylette. Comme nous l'avons constaté au cours d'une étude sur les accidents de la circulation à répétition[1], les adolescents qui vont plutôt bien – ceux du groupe témoin, n'ayant pas

1. D. Marcelli et F. Mézange, « Les accidents à répétition chez l'adolescent. Traits anxieux, dépressifs et conduites de risque associés », *Neuropsychiatrie de l'enfance et de l'adolescence*, vol. 48, n° 3, 2000.

eu d'accident entraînant un passage aux urgences hospitalières – aiment, eux aussi, l'idée du risque. Mais quand ils en prennent un, ils le font en se protégeant, donc dans un lieu approprié (pas sur la voie publique, où circulent des voitures) et en utilisant le matériel de protection nécessaire. Et, quand ils dérapent ou ratent de peu la chute, ils renoncent à recommencer. En un mot, ils apprennent de l'« expérience ».

Associer risque et adolescence n'est donc pas faux. Par ailleurs, ne soyons pas de mauvaise foi : les adultes aussi prennent des risques et, parfois, plus que les jeunes ! Par exemple, ces derniers sont, dans l'ensemble, beaucoup plus observants que leurs aînés en matière de protection contre les maladies sexuellement transmissibles ! Expérimenter, découvrir le monde des adultes, imiter les copains, revendiquer son droit à l'essai et même à l'erreur ne peuvent en aucun cas être tenus pour des indices inquiétants.

En revanche, nous ne pouvons passer sous silence la position très ambiguë des sociétés occidentales qui, tout en prônant une grande liberté pour chacun et le « droit » de faire ses expériences, déploie un discours de victimologie permanent et cherche, au moindre incident, à désigner un coupable. La recherche du moindre risque y est également devenue une véritable obsession.

La conduite à risque comme affirmation de toute-puissance

Cependant, à côté de la foule des adolescents qui prennent parfois des risques par esprit de découverte, on en rencontre d'autres chez qui ces conduites soutiennent un besoin de reconnaissance ou d'affirmation de soi, au mépris de leur propre vie. Ces derniers s'engagent dans des actions dangereuses parce qu'elles sont dangereuses. Leur objectif est avant tout de braver un danger, non pas pour découvrir une possibilité inconnue, mais pour se prouver qu'ils existent.

Cette logique est parfaitement décrite par l'expression désormais consacrée de « conduite ordalique », que les psychiatres Aimé Charles-Nicolas et Marc Valleur[2] différencient bien des conduites suicidaires. L'ordalie est un ancien rite judiciaire qui consiste à confier à une autorité tutélaire le soin d'apporter la preuve de la culpabilité d'un accusé. Si ce dernier échappe à un danger auquel le jugement l'expose, son innocence est « démontrée ». S'il meurt, sa culpabilité est « prouvée »… La conduite ordalique, au fond, consiste à s'exposer à un danger pour prouver son innocence. La conduite dangereuse ne doit donc pas être interprétée comme une tentative de suicide mais, au contraire, comme une tentative de vie et d'affirmation de soi. Trois points essentiels la caracté-

2. A. J. Charles-Nicolas et M. Valleur, « Les conduites ordaliques », dans C. Olievenstein (sous la direction de), *La vie du toxicomane*, Paris, Puf, 1980.

risent : 1) le risque de mort de la personne, réelle ou symbolique ; 2) le recours fantasmatique à une puissance surnaturelle omnipotente : Dieu, le Hasard, la Chance ; 3) la solitude du sujet face à son destin. Cette solitude existentielle et le fait que cette conduite ne soit pas prescrite par le corps social, mais par le sujet lui-même, la distinguent de l'ordalie traditionnelle.

La conduite à risque présente l'intérêt, pour son acteur : 1) de lui prouver son invulnérabilité et, par conséquent, sa toute-puissance ; 2) d'externaliser sa source d'angoisse en affrontant un danger externe (c'est une grossière erreur que de croire à l'inconscience du danger chez ces jeunes !) ; 3) de restaurer (quand il triomphe) son narcissisme défaillant en lui prouvant qu'il est né « sous une bonne étoile » malgré la vie qu'il mène. Ces comportements apparaissent à l'adolescence, au moment où l'irruption de la sexualité dans le corps redouble les frustrations déjà si nombreuses, en raison d'une insatisfaction corporelle chronique et douloureuse. Désormais sexué – c'est-à-dire *sectus*, « coupé » –, le jeune doit faire avec l'énigme du désir de l'autre, donc tolérer cette frustration supplémentaire, le malaise lié à cette tension et attendre. Un accroc au sentiment de toute-puissance, qui est le versant défensif du vécu d'impuissance, insupportable…

Les effets du triomphe narcissique sont malheureusement transitoires. Rapidement, le besoin d'éprouver à nouveau ce sentiment de toute-puissance, extatique et rassurant, se fait sentir. Mais il y a souvent un effet d'accoutumance : quand on a déjà bravé un danger, la jouissance est moins grande la seconde fois. Pour en maintenir la « qualité », il faut affronter un risque plus important (ce qui, parfois, terrorise intérieurement). Et, de répétition en escalade, l'accident est inéluctable…

Vu de l'extérieur, le jeune qui s'expose ainsi semble ne tirer aucune leçon de l'accident ! En effet, pour protéger son narcissisme défaillant, ne pas se sentir coupable de s'être fourré lui-même dans cette situation ni abandonné par « sa bonne étoile », il n'a d'autre solution que d'en rendre responsable l'environnement : c'est toujours la faute de cela ou de cela ou d'untel (ce qui n'est pas faux, d'un point de vue psychologique : le soi est si faible qu'il doit être étayé par les éléments de la réalité). Cette propension à la projection l'empêche d'apprendre de l'expérience. Les accidents vont donc se répéter. Parfois, la conscience d'avoir « frôlé la mort » sert de butée à un effondrement dépressif transitoire au cours duquel une rencontre humaine pourrait apporter l'étayage indispensable pour que l'adolescent sorte de ce cercle infernal. Parfois, hélas, l'issue est fatale. C'est dire l'importance de pouvoir rencontrer ces jeunes à l'occasion de tels accidents, notamment aux urgences hospitalières, lieu de confluence de toutes les détresses.

Un exemple clinique

L'exemple suivant est extrait d'une recherche sur les accidents à répétition, que nous avons réalisée dans des hôpitaux de Poitou-Charentes[3]. Kevin, 14 ans, est hospitalisé deux mois et demi à la suite d'un accident de scooter. Il souffre d'une fracture du radius gauche, d'une fracture du cotyle gauche, d'une plaie ouverte à la jambe droite ayant nécessité la pose d'une broche ainsi que d'une plaie ouverte à la langue. Son premier commentaire : « C'était moins une ! » Il se montre d'emblée ouvert et ne paraît pas hostile à l'échange. Les soignants le trouvent sympathique, voire attachant. Le jeune homme relate ses antécédents :

- en août 2007, un accident de moto ayant entraîné une double entorse de la cheville gauche ;
- en juillet 2007, une entorse de la cheville droite, consécutive à un dérapage sur les rails d'un chemin de fer ;
- en juillet 2006, une fracture du pouce droit, due à un plongeon raté ;
- début 2006, deux entorses au bras droit, causées par une chute lors d'un jeu entre copains ;
- en 2005, une fracture du bras droit, faite en tombant d'une chaise, puis trois entorses du poignet (deux à droite, une à gauche), consécutives à des bousculades entre amis.

Il se souvient aussi de s'être ouvert le pied droit et de s'être blessé l'œil en se cognant contre un meuble quand il était petit.

3. D. Marcelli, P. Ingrand, I. Ingrand et M. Delamour, « Échelle d'évaluation du risque de récidive (ECARR). Étude de validation prospective d'une répétition d'accident », *La psychiatrie de l'enfant*, vol. 54, n° 1, 2011.

Kevin a donc eu, en l'espace de deux ans seulement, deux accidents sur la voie publique et cinq accidents divers ayant nécessité une intervention des urgences. On peut supposer que sa souffrance psychique s'exprimait déjà à travers des blessures moins spectaculaires, mais tout aussi significatives, antérieures à cet accident de scooter qui aurait pu lui être fatal.

En apprentissage, Kevin semble relativement investi dans sa formation. Il est attiré par les sports extrêmes, notamment le trial. Il aime faire « des roues avant » et « des roues arrière » avec sa mobylette et attend avec impatience d'avoir le permis moto pour participer à des courses de vitesse. Il est également adepte des jeux en réseau. Il n'y passe actuellement « que » six heures par jour – ce qui est peu, selon lui –, mais il fut un temps où il leur consacrait des nuits et des jours entiers. Par ailleurs, il se bagarre assez régulièrement et a déjà fait l'objet de quelques interpellations par la police pour non-respect des consignes de sécurité en scooter. Il déclare avoir environ une ivresse par mois depuis deux ans, mais ne pas être attiré par la consommation d'autres substances. De façon générale, ses amis et lui aiment éprouver de nouvelles sensations, relever des défis, prendre des risques, se confronter aux limites.

Kevin dit souffrir de difficultés d'endormissement depuis trois ans, ce qui lui cause des problèmes de concentration ainsi qu'une fatigue quotidienne. Il se sentait d'ailleurs très fatigué avant son accident. Ouvert et optimiste au premier abord, l'adolescent avoue être en proie, depuis plusieurs mois, à des périodes relativement longues d'anxiété intense, teintée d'idées noires, et souffre d'une perturbation de l'image corporelle : il pèse 55 kg pour 1,70 m, mais il se trouve « assez gros ». Il reconnaît souffrir parfois d'irritabilité-impulsivité : « Quand ça bout à l'intérieur de moi, je sais que j'ai mal, mais je ne sais pas comment le dire. Je cogne dans une porte et ça va un peu mieux après. » Kevin a confusément conscience que sa difficulté à verbaliser ses pensées et ses émotions l'oblige à ce recours à l'agir, voire aux passages à l'acte.

L'adolescent évolue dans un environnement difficile, peu enclin à la communication, et son passé est jalonné d'événements traumatiques. Ses parents ont divorcé lorsqu'il avait 1 an, après le décès accidentel de son frère, alors âgé de 2 ans. Il vit chez sa mère, avec qui il dit être en conflit. Il voit son père pendant les vacances, mais il semble incapable d'en parler. Après le divorce, sa mère a refait sa vie avec un homme qui s'est suicidé quand Kevin avait 8 ans. Selon lui, elle souffre d'une dépression, en lien avec ces deuils et une situation de harcèlement professionnel. Lors de notre rencontre, elle a reconnu ne pas être étonnée que son fils, qui a tendance à ne pas prendre les précautions nécessaires (port du casque, etc.), ait eu un tel accident. Elle ajoute : « Vous savez, je n'ai même pas eu peur de le perdre. » L'accident a eu lieu le jour de son anniversaire. Kevin, en risquant sa vie ce jour-là, lui a-t-il inconsciemment adressé un message ? On peut légitimement émettre cette hypothèse, compte tenu du lapsus qu'il fait en évoquant l'accident : au lieu de dire « le jour de mon accident », il prononce « le jour de mon anniversaire ». Ne peut-on pas aussi entendre, dans ces mots, que Kevin aspirait à une nouvelle vie, à une renaissance, en tout cas à la fin de sa souffrance ? Peut-être même espérait-il inconsciemment, en se supprimant, que sa mère cesse de souffrir à cause de lui…

Conclusion

Il est fondamental de bien distinguer, d'un côté, les prises de risque qui permettent à l'adolescent d'« apprendre » ses propres limites et le construisent et, de l'autre, les conduites à risque qui s'inscrivent dans la logique d'une psychopathologie, corrélative aux multiples défaillances narcissiques observées chez certains d'entre eux. La répétition et l'escalade sont alors habituelles et les accidents fréquents, avec des conséquences physiques plus ou moins dommageables. Ces adolescents tirent rarement les leçons de ces expériences négatives, les attribuant aux circonstances ou à autrui.

« Il est normal qu'un adolescent prenne des risques. Ce sont les répétitions et l'escalade qui sont problématiques »

Anne Le Pennec

Tous les adolescents prennent des risques. Tous les adolescents aiment prendre des risques. Grand bien leur fasse ! « Rechercher des sensations, se tester fait partie du chemin normal de l'adolescence », rappelle en préambule le professeur Daniel Marcelli. Cela dit, il y a « risque » et « risque ». D'ordinaire, on distingue risque immédiat (accident de scooter) et risque différé (cancer du poumon pour les fumeurs), ou encore risque corporel (plaies et fractures), risque psychologique (baisse de la motivation consécutive à la consommation de cannabis) et risque social (délinquance). Soit, mais le pédosychiatre invite surtout les professionnels à s'intéresser aux circonstances de la prise de risque. « Les adolescents qui vont bien prennent des risques dans un environnement protecteur. Ils font du moto-cross sur des circuits, par exemple. Ceux qui vont mal brûlent des feux rouges en ville. » D'ailleurs, ce sont surtout les seconds qui se retrouvent aux urgences après un accident sur la voie publique. Bien souvent récidivistes, habités par un sentiment de toute-puissance et adeptes de la surenchère. Leur comportement illustre ce que le professeur nomme une « ritualité hors limite ». Quand, à force de prendre des risques, ils finissent par chuter, ils rejettent la faute sur les autres. « La plupart des adolescents tirent la leçon de cette expérience et ne recommencent pas. Eux non, souligne-t-il. Les accompagner pendant trois, quatre entretiens ou plus dans un climat empathique et amical permet parfois de réveiller chez eux les prémices d'une conscience du danger. »

Le professeur Marcelli s'est assis. L'agitation des débuts de son intervention, qui lui faisait faire les cent pas sur l'estrade, a laissé place à une écoute attentive. L'heure est aux réactions dans le petit amphithéâtre. En haut à gauche, un psychologue se lance : « Vous avez raison d'insister sur le fait que le principal enjeu de l'adolescence est d'accepter d'entrer dans la dépendance affective vis-à-vis de l'autre. Je ne le dis pas assez aux jeunes que je rencontre. » Un autre professionnel se demande si la passion des adolescents pour les jeux vidéo ne les inciterait pas à prendre plus de risques. « Le virtuel accentue surtout la capacité de se dégager de soi-même pour mieux y revenir, répond le pédopsychiatre. Cela suppose toutefois d'avoir une bonne stabilité narcissique. Un narcissisme bien tempéré est bon pour l'individu. Il permet de se regarder dans le miroir sans se trouver nul. » Le médecin, qui s'est entre-temps remis à marcher, insiste encore sur le fait qu'il est normal qu'un adolescent fasse ses propres expériences et que celles-ci soient parfois risquées. « C'est la répétition de ces conduites à risque et l'escalade dans la mise en danger qui sont problématiques. » La prise de risque et les sensations fortes qui l'accompagnent apparaissent pour ces adolescent(e)s comme « la » solution pour apaiser momentanément l'excitation qui les envahit et affirmer leur identité.

D'après lui, le message que notre société envoie aux jeunes – « Invente-toi toi-même, réalise tes projets » – n'arrange rien, bien au contraire. Et de regretter l'absence de ces rituels qui marquent l'entrée dans la vie adulte dans les sociétés traditionnelles. « Je ne comprends pas très bien le lien avec la prise de risque », ose une assistante sociale. « Les épreuves initiatiques consistent à prendre des risques, mais une fois seulement et dans un cadre défini, précise Daniel Marcelli. Cela change tout. »

L'ÉBRANLEMENT IDENTITAIRE DE L'ADOLESCENCE

Les prises de risque jalonnent l'adolescence de Dounia et questionnent Maritxu, travailleuse sociale au sein de l'association Linkiaa[1]. La jeune fille a 14 ans lorsqu'un juge ordonne son placement en foyer. Parents séparés, père autoritaire, mère laxiste. À 15 ans, Dounia se met à faire les quatre cents coups avec une amie, fugue à plusieurs reprises, retourne chez sa mère puis revient au foyer, sèche les cours, a des rapports sexuels non protégés voire non consentis. L'équipe du foyer est dépassée, mise en défaut par la mère, qui couvre sa fille. Le juge finit par mettre fin à la mesure de placement. Maritxu apprend encore que la jeune fille s'est inscrite dans une formation en hôtellerie-restauration, puis elle la perd de vue. « Comment va-t-elle ? Qu'a-t-elle appris de ses conduites ? Je l'ignore », regrette-t-elle. Pour le professeur Marcelli, une chose est sûre : « L'ébranlement identitaire de l'adolescence peut faire en sorte que toute la statue s'écroule. Cela est d'autant plus vrai que le socle narcissique de l'enfance est fragile, comme c'est le cas pour Dounia, qui traverse l'adolescence dans un véritable chaos. Sa marge de manœuvre pour s'en sortir est faible, sauf si elle tombe sur un adulte bienveillant qui s'intéresse à elle et la recadre. Évidemment, l'adulte peut aussi être un mac [maquereau, ndlr]… C'est dur, ce que je dis, mais je parle d'expérience. J'ai pratiqué la psychiatrie de l'adolescent pendant cinquante ans ! » L'assemblée soupire… mais apprécie la franchise du

1. Association issue de la fusion, au 1er janvier 2018, de deux associations de protection de l'enfance en Loire-Atlantique : Sauvegarde de l'enfance 44 et Enfance & Famille.

clinicien, qui sait aussi se montrer plus optimiste. « Au foyer, on s'est occupé d'elle et de son corps. Une main s'est tendue vers elle, non excitante, nécessairement celle d'une femme : une expérience réparatrice pour une adolescente dans sa situation. Elle sait qu'il existe au moins un endroit sur terre où c'est possible, et cela la protège du pire. » En pédopsychiatre habitué à repérer les signaux d'alerte, mais aussi les éléments protecteurs, il note que Dounia n'a jamais fait de tentative de suicide et n'est pas tombée dans les dérives sectaires après sa rencontre avec ceux qu'elle nomme « les barbus ». Il choisit de conclure avec ce conseil : « On ne doit jamais juger une personne à la lumière des bêtises faites pendant l'adolescence, car elles ne présagent pas de l'adulte qu'elle deviendra. » Un pied de nez au déterminisme…

10

Les violences sociétales face aux violences adolescentes

Jean-Pierre Rosenczveig

Pendant des années, on nous a seriné, en s'appuyant sur tel ou tel fait divers, que la France était en danger du fait des « jeunes ». La violence, voire la délinquance et l'insécurité, était essentiellement de leur fait !

« Les jeunes »... Cette généralisation malvenue, qui laisse penser que la jeunesse est uniforme, relève du scientisme, c'est-à-dire d'une pseudo-approche scientifique – on affirme, sans démontrer sur la base de données corrélées. En vérité, on ciblait les jeunes des banlieues, sinon ceux issus de l'immigration la plus récente et, à travers elle, certains étrangers. En tout cas, pas ceux installés dans le XVIe arrondissement de Paris, où fleurissent les ambassades !

Confondre jeunes et enfants, n'est-ce pas aussi du scientisme ? Pour le journal *Tintin*, on est jeune de 7 à 77 ans ! Pour les sociologues, la jeunesse s'étend de 15 à 25 ans. Les juristes et les citoyens, eux, préfèrent parler de mineurs et d'enfants jusqu'à 18 ans, âge de la majorité pénale depuis 1906 et de la majorité civile depuis 1974. Le droit scande cette séquence de différentes étapes : à 7-8 ans, la responsabilité pénale est engagée ; à 13 ans, l'incarcération devient possible ; à 16 ans, l'enfant peut être condamné comme un adulte, etc.

Alors, de qui parle-t-on ? Qui vise-t-on ? En tant que juriste et citoyen, je m'attacherai aux enfants, donc aux personnes de moins de 18 ans.

La violence et la délinquance des enfants sont des réalités indéniables, mais il convient de les ramener à leur juste mesure et, pour commencer, de ne pas laisser croire qu'elles recouvrent l'ensemble des actes de violence et de délinquance.

Certes, la délinquance révélée des mineurs a augmenté dans les années 1980, mais pas plus que celle des adultes ! Je dis « révélée », car nous ne disposons que des chiffres de la police. Or, l'efficacité policière est faible : moins de 30 % des affaires sont résolues, et les enquêtes dites « d'autoconfession » de mineurs démontrent que moins d'un fait sur cinq est connu.

Malgré cela, la délinquance juvénile a proportionnellement moins crû que celle des adultes dans la dernière période (1980-2017)[1]. Elle représentait en 1980 14,5 % de la délinquance globale ; elle est passée à 20,5 % en 1999, pour baisser, remonter et se stabiliser à 17,5 % en 2017.

1. Source : http://www.justice.gouv.fr/statistiques

Bref, on en oublierait que 82,3 % de la délinquance revélée est le fait de personnes adultes ! J'ajouterai que la délinquance juvénile – ce que personne ne relève – diminue quantitativement depuis quelques années.

La vérité veut que je précise que, dans certains quartiers, plus de 50 % des auteurs d'actes de délinquance de rue sont des mineurs, mais tout s'explique : la délinquance en col blanc se pratique dans les tours, pas dans les rues ni dans les caves ! C'est de la criminologie de base que de le relever. Constatons par ailleurs que, souvent, les victimes d'actes délictueux commis par des enfants sont elles-mêmes des enfants.

En revanche, il est un fait que la délinquance des mineurs est plus souvent violente que par le passé. C'est essentiellement une délinquance d'appropriation, mais elle a recours à la violence. On ne se contente pas de voler un sac : on l'arrache ! Et cette violence est plus traumatisante que la disparition des objets auxquels on tient. Mais ajoutons encore ici : c'est aussi le cas chez les délinquants adultes.

Ne négligeons pas non plus les violences sexuelles. Nombre de garçons – comme d'adultes – tiennent les femmes pour des objets sexuels. Enfin, ajoutons les violences contre tous les représentants de l'autorité qui, elles, sont en augmentation : des insultes aux actes d'agression physique contre des policiers, mais aussi des enseignants.

Cela dit, comme le relève le sociologue Laurent Mucchielli, les qualifications pénales utilisées accentuent le phénomène, dans une démarche qui est loin d'être neutre. L'arrachage d'un téléphone portable de l'oreille d'un passant est aujourd'hui qualifié de « vol aggravé », et la peine encourue pour cet acte est de cinq ans de prison. De nombreux actes qui, jusqu'à il y a peu, auraient entraîné une réaction disciplinaire – à l'école ou à la maison – sont aujourd'hui qualifiés pénalement. Dans les années 1990 et 2000, l'école n'a pas hésité à transférer à la justice ses obligations de maintien de l'ordre au sein de ses établissements.

Il n'est pas question ici de nier cette délinquance et cette violence, mais de les relativiser et de chercher à les comprendre, pour savoir comment y réagir.

Ces « enfants en conflit avec la loi », pour reprendre l'expression consacrée, sont d'abord des préadolescents ou des adolescents traversant la classique crise d'affirmation de soi et de contestation de l'environnement proche. Le sentiment de toute-puissance qu'ils ressentent est d'autant plus fort que le monde adulte est poreux, inconsistant, voire bourré de contradictions concernant des questions aussi essentielles que la justice et l'intérêt du respect des règles.

Ajoutons – et les symptômes peuvent se cumuler – que de plus en plus d'enfants souffrent de problèmes psychologiques, sinon psychiatriques. De mon point de vue, parce qu'ils vivent dans l'insécurité du fait d'adultes qui privilégient leur nombril à leurs responsabilités et ne leur offrent pas le cadre nécessaire pour grandir. Ces comportements insécurisent les enfants, qui s'interrogent sur eux-mêmes et sur leur avenir, en les renvoyant à leurs questionnements.

Nombre de ces enfants livrés à eux-mêmes se retrouvent très vite en échec au regard des exigences sociales, notamment en échec scolaire. Le « bon et bel enfant » devient un mauvais élève qui, par ailleurs, en rajoute pour s'affirmer. Il décroche plus ou moins de sa scolarité, quand il n'est pas purement et simplement renvoyé, alors qu'il aurait besoin d'un encadrement renforcé. Il devient asocial, mène une intifada permanente contre tous ceux qui représentent l'autorité, à commencer par les policiers. Sans avenir, il est fréquemment repéré par des mafieux qui lui font miroiter gloire, argent et pouvoir sur fond de trafic de drogue.

En outre, aujourd'hui, ces trafiquants sont concurrencés par des prédicateurs qui promettent aux plus vulnérables des perspectives matérielles, mais surtout idéologiques, et la possibilité de donner un sens à leur vie par l'engagement… au prix de l'embrigadement. Certains adolescents n'hésitent pas cracher sur la société française et la République. Ils ont déjà pu constater le fossé existant entre nos idéaux de liberté, d'égalité et de fraternité, et la réalité de notre société. La laïcité, qui respecte pourtant la liberté de conscience de tous et de chacun, est vécue comme attentatoire à leur « religion » ou à la représentation communautariste qu'ils s'en font. Là encore, c'est à un autre monde qu'ils aspirent. Ces filles et ces garçons qui rêvent du djihad ou partent le faire aspirent, eux aussi, à un autre monde. Ils sont peu nombreux, mais ils existent.

Indéniablement, il existe une violence des enfants. Mais, comme toute violence, elle est à la fois objective et relative. Nous y sommes simplement plus sensibles aujourd'hui qu'autrefois. Pour autant, les ressorts en sont-ils modifiés ? Et comment la combattre ?

Classiquement, en gagnant du temps et en évitant le pire. Il est bien connu qu'« il faut que jeunesse se passe ». De fait, généralement, on s'en relève. Le prix à payer est plus ou moins élevé. Il est rare que l'on fasse Polytechnique après une école de la deuxième chance ! Mais est-ce vraiment nécessaire pour être équilibré et heureux ? Il y a mille façons de tracer sa route autrement.

Une démarche plus volontariste pourra s'imposer pour permettre à ces enfants dégradés et en souffrance de trouver ou de retrouver un peu d'estime de soi, de croire en l'avenir et de changer d'attitude[2]. À ces enfants privés trop tôt d'encadrement adulte structurant, il faut offrir la protection qui leur a fait défaut pour grandir et exploiter leurs compétences.

Encore faut-il identifier qui, dans le champ de la famille – quelle qu'en soit la forme –, est responsable et de quoi. Or, depuis trente ans, nos élus, alertés mais obsédés par les revendications concernant le droit à l'enfant et la procréation

2. Cf. mon livre témoignage, qui fait des propositions : *Rendre justice aux enfants* (Paris, Le Seuil, 2018).

médicalement assistée, se sont avérés incapables de le préciser. Ils négligent de doter les enfants d'adultes responsables, notamment en clarifiant, dans la famille reconstituée, le rôle, les droits et les devoirs des beaux-parents par rapport à ceux des parents. Or, là est l'urgence : 2 millions d'enfants et 6 millions d'adultes (pères, mères, beaux-parents) sont concernés[3].

Et puis, force est de constater que les services de proximité susceptibles de « repérer » les enfants en carence parentale, de venir en aide aux parents, de les conseiller, de pallier leurs faiblesses, bref de développer l'action sociale, sont en crise. C'est le cas depuis longtemps dans la santé scolaire, le service social scolaire et la psychiatrie infantile, ça l'est depuis peu avec la PMI et la prévention spécialisée, qui font l'objet de coupes claires de la part de départements exsangues sans que l'État – sa faute est majeure – réagisse en prenant la tête d'une mobilisation générale.

On le voit, les points de faiblesse sont nombreux, quand il s'agirait de prévenir ou de limiter au minimum les nouvelles situations d'enfants à risque.

Concernant les situations déjà cristallisées, ce n'est guère mieux. On a du mal à faire le pari de l'éducation et à réunir les moyens nécessaires. Durant une dizaine d'années – 2002-2012 –, il a même été question de traiter les enfants comme des adultes, en réduisant à sa plus simple expression

3. Source : INED.

la spécificité du droit pénal des mineurs. Nicolas Sarkozy aurait bien abaissé l'âge de la majorité à 16 ans, mais le droit international et le Conseil constitutionnel s'y sont opposés. Ce mouvement a été stoppé sous François Hollande, mais la reconquête n'est guère visible. Par exemple, la loi du 27 mars 2012 relative à l'application de l'article 12-3 de l'ordonnance de 1945, qui veut que toute mesure éducative prononcée par un juge soit exercée dans les cinq jours, devrait être un objectif prioritaire. Or, il faut aujourd'hui parfois des mois pour engager ces mesures, si tant est qu'elles soient finalement exercées. On en est donc loin ! Et il arrive qu'un même éducateur ait 25 dossiers à suivre en même temps... Comment peut-il exercer correctement son métier ?

Au lieu de cela, c'est le mythe de la contention qui prévaut : l'incarcération des mineurs, provisoire ou sur condamnation, est en hausse de 12 % sur un an (2016-2017)[4], quand la délinquance baisse ; et l'on continue de privilégier les centres éducatifs fermés, qui ne le sont pas vraiment, ce qui sème la confusion dans tous les esprits. En 2017, le candidat Macron a même promis de doubler leur nombre (comme son prédécesseur en 2012), comme si cela constituait une politique adaptée.

Cependant, ne nous méprenons pas en continuant d'opposer éducation et violence : il n'y a pas d'éducation sans contrainte ni de contrainte sans objectif pédagogique. Sinon, on parle d'exorcisme

4. Source : http://www.justice.gouv.fr/statistiques

ou de vengeance. Il faut en finir avec les vieilles lunes opposant les pro-éducation et les pro-répression. La privation de liberté peut avoir une dimension éducative dès lors qu'elle n'est pas une fin en soi. C'est un moyen au service d'un objectif.

Il faut savoir poser des interdits aux plus jeunes – ils sont structurants et porteurs d'espoir si on leur donne du sens – et les faire respecter. Ne serait-ce que pour demeurer crédible à leurs yeux. On ne peut pas leur dire que ce qu'ils ont fait est grave sans en tirer les conséquences.

En d'autres termes, face à certaines violences adolescentes, il faut dans un premier temps garantir à ces enfants une présence humaine qui leur a fait défaut jusque-là. Puis incarner à leurs yeux une justice forte, mais juste. À ce propos : où en est la loi condamnant le recours aux châtiments corporels ? De plus, nous devons leur offrir des perspectives de mieux-être et donner, tout simplement, du sens à leur vie. Mais aussi, dans le même temps, créer les conditions pour qu'aucune nouvelle vague d'enfants ne tombe dans le piège de la violence. C'est une politique publique de prévention des carences qu'il convient de mener. Les contours en ont déjà été définis à la fin des années 1990, sous le gouvernement de Lionel Jospin, lors de deux conseils de sécurité intérieure. Le principal est de déterminer qui fait quoi en direction des plus jeunes, dans et hors de la famille. Pourquoi ne pas organiser pour cela un grand débat public, dont une loi serait la cerise sur le gâteau ? Nous en avons proposé les termes dans notre rapport « De nouveaux droits pour les enfants ? », en janvier 2014[5]. L'enjeu est bien de rassurer ces enfants. Car la violence ne tombe jamais du ciel : elle trahit l'absence de communication normale… Enfin, nous devons tout mettre en œuvre pour valoriser les compétences des enfants et, ce faisant, restaurer sinon instaurer leur estime de soi.

Reste que pour mener des politiques publiques associant l'État et les collectivités locales, l'associatif et le public, les parents et les professionnels, il faut qu'un ressort se tende et que l'enfance et la famille redeviennent des objets de politique publique, ce qu'elles ne sont plus depuis un certain temps. Nous en subissons aujourd'hui les conséquences.

---

5. ladocumentationfrancaise.fr/var/storage/rapports-publics/144000326.pdf

« Assumons le fait que l'action sociale est une action judiciaire »

Anne Le Pennec

Évitez de le limiter à son seul exercice de juge pour enfants ou de lui rappeler qu'il a quitté ses fonctions. Jean-Pierre Rosenczveig est un homme de loi qui aime à employer les mots justes : il fait partie de la grande famille des magistrats, parmi lesquels figurent quelques valeureux juges pour enfants qui, comme lui, n'ont pas claqué la porte au bout de deux ans. Et de préciser qu'il ne quitte jamais rien – pas même sa femme ! – et que s'il n'exerce plus, c'est uniquement une question d'âge. Le voici donc retraité, mais non moins engagé « pour une justice moderne, sociale, qui contribue à faire changer la vie des gens ». Il n'hésite pas à le dire haut et fort sitôt qu'il en a l'occasion, que ce soit devant l'Assemblée nationale, en tant que président d'associations, sur son blog (jprosen.blog.lemonde.fr) ou dans ses livres : « Si les gamins sont violents, c'est à la mesure du vide qui règne autour d'eux. On peut combler ce vide avec des barreaux et des murs, mais ce n'est pas mon truc. Je préfère les hommes aux murs. »

Le magistrat ne nie pas que la délinquance des jeunes est plus élevée aujourd'hui que dans les années 1980, ni qu'elle est plus violente qu'autrefois, bien au contraire. Mais, pour lui, cette réalité a pour principale raison la carence d'action sociale. C'est donc d'abord à elle qu'il faut remédier si l'on veut lutter contre la délinquance et la violence des jeunes. Bien sûr, l'adolescence, ses doutes et ses excès leur sont propices, mais il ne s'agit là que d'une petite partie du problème. Parce qu'au gré des évolutions sociétales l'environnement des jeunes est devenu moins sécurisant, que la jeunesse manque de perspectives et que, sans cesse, de nouveaux prédicateurs surgissent avec des promesses alléchantes, il est urgent, selon lui, de moderniser la réponse judiciaire en mettant en place une stratégie de prévention de la primo-délinquance fondée sur la présence sociale. « Assumons le fait que l'action sociale est une action judiciaire ! » Voilà, c'est dit. Au lieu de toucher aux textes et dispositifs législatifs existants, en particulier à l'ordonnance de 1945[1], le spécialiste souhaite que l'on apprenne à les employer à bon escient. Cependant, que l'on ne s'y trompe pas : Jean-Pierre Rosenczveig n'exclut pas le recours à l'enfermement. « La prison s'impose parfois pour faire exister les actes : on ne peut pas dire "C'est grave" sans réagir à la hauteur de ce que l'on

1. Ordonnance du 2 février 1945 relative à l'enfance délinquante.

affirme ! Mais elle ne doit être qu'exceptionnelle, car c'est une mesure gravissime. Elle doit surtout être un instrument au service d'une stratégie, une étape dans une prise en charge éducative, et non une fin en soi. Même chose pour le placement en centre éducatif fermé car, enfin, on ne peut pas apprendre la vie dans un milieu artificiel ! »

Sur les mesures éducatives telles que les stages de guidance parentale, l'opinion du professionnel est tout aussi tranchée : « On n'apprend pas à être parent de cette façon, encore moins en situation de crise », estime-t-il.

Convaincu que la loi demeure un instrument utile pour lutter contre la délinquance juvénile dès lors qu'elle pose un cadre autour de l'enfant, il voudrait qu'elle s'empare maintenant de la question des responsabilités des adultes vis-à-vis de lui. « Le vrai sujet à traiter pour aider ces jeunes, conclut-il, est celui de la responsabilité parentale. La loi doit clarifier qui est compétent en la matière. Puis il faudra communiquer sur le contenu de cette loi. »

Des sentinelles aux avant-postes de la prévention

La parole est à Gwenaël Le Guével, professeur en SEGPA [2] au collège Chantenay (Nantes), venu présenter le dispositif Sentinelles, déployé depuis trois ans dans son établissement. Ses alter ego et lui, âgés de 12, 14, 30 ou 60 ans, ont été formés

2. Section d'enseignement général et professionnel adapté.

pour repérer les situations où un élève devient le bouc émissaire de ses camarades et tenter d'y mettre un terme avant qu'elles ne dégénèrent. « Le dispositif Sentinelles a cela de particulier que les différentes catégories d'intervenants – élèves, enseignants, surveillants, parents – sont formés ensemble pendant deux jours », explique-t-il. De vidéos en jeux de rôles, le groupe découvre ce que sont une victime, un harceleur, un spectateur et un rebelle, et les liens qui les unissent. Autre singularité : la posture du témoin, souvent minimisée, est ici mise en avant. « Ces situations sont comme des spectacles : elles n'existent que s'il y a des spectateurs, rappelle l'enseignant-sentinelle. Nous insistons aussi sur le fait que les différents rôles ne sont que des postures et que chacun peut très vite passer de l'une à l'autre. » Pour les sentinelles les plus jeunes, pas question d'intervenir tout seul ni d'affronter le(s) harceleur(s) : trop risqué. Leur mission consiste à parler avec la victime pour qu'elle sache qu'elle n'est pas seule et à dire aux spectateurs : « Et si c'était toi ? » Gwenaël Le Guével l'assure : « Ces petits gestes n'ont l'air de rien, mais ils désamorcent beaucoup de choses. » Si une situation l'exige, les adultes prennent le relais. Chaque sentinelle peut aussi à tout moment cesser de l'être si elle le souhaite et ne plus venir aux réunions de groupe, qui se tiennent deux fois par semaine pour partager les observations et décider ensemble ce qu'il convient de faire. Qu'en pense Jean-Pierre Rosenczveig ? Bien qu'il s'apprête à prendre congé – TGV oblige –, il saisit au vol l'occasion de réaffirmer une conviction de citoyen préoccupé par la cause des enfants en général et des adolescents en particulier : « Ce genre de dispositif a toute sa place dans la prévention de la violence... à condition que la famille, l'action sociale et la justice jouent aussi chacune leur rôle de cercle de protection autour de l'enfant. » Les applaudissements de la salle ne lui auront pas échappé.

Conclusion

Quand l'accompagnement conduit vers l'autonomie[1]

Éric Fiat

Le dernier texte écrit par Jean Giono, peut-être l'un de ses plus beaux, et que l'on peut lire sur son bureau si l'on visite sa petite maison de Manosque, s'appelle « De certains parfums[2] ». Giono y dit la grande nécessité, pour survivre dans les conditions les plus critiques qui se puissent connaître, de ce qui pourrait apparaître comme le luxe même, à savoir le parfum. Et conclut son texte en écrivant :

> « Le parfum n'est pas un luxe ; ou alors, il est le plus indispensable des luxes. Les parfums permettent d'affronter – et souvent de les vaincre – les mystères les plus terribles. »

1. Cet article reprend en partie le contenu d'un autre, paru dans la revue *VST* n° 110, 2011-2012, intitulé « La culture : pas seulement une résistance. Mais aussi une célébration du monde ».
2. Dans *La chasse au bonheur*, Paris, Gallimard, 1988.

Approche gionesque de l'errance adolescente

Où l'on voit Giono réviser la hiérarchie du nécessaire et du luxueux, et suggérer qu'en temps de crise le luxueux (qui, étymologiquement, désigne ce dont on pourrait se dispenser, puisque *luxare* signifie « être en excès » ; on trouve la même racine dans les mots « luxation », « luxuriante », « luxure ») peut devenir la nécessité même. Telle sera notre proposition : ce dont ont besoin les adolescents dans leur chemin vers l'autonomie n'est pas forcément ce que l'on croit – et il faudrait peut-être, au fond, renverser la pyramide de Maslow[3]. Si la référence à ce texte de Giono nous a semblé ici fort judicieuse, c'est parce que l'auteur nous y donne de magnifiques métaphores des conditions les plus critiques de l'existence humaine, d'extraordinaires descriptions de ces mondes où l'on risque à tout moment de se perdre, de ces mondes immondes, où l'on perd tout repère : désorientés, nous en perdons non seulement l'est mais aussi le nord, tellement « à l'ouest » que nous ne savons plus où se trouve l'Occident, cherchant éperdument le Sud chaleureux, où un être aimant nous redonnera peut-être notre place ici-bas…

3. Dans cette célèbre « pyramide des besoins » de l'être humain, Maslow fait du besoin d'être reconnu, voire aimé par les autres, un besoin moins fondamental que ceux de boire, manger, dormir… Mais quel sens y aurait-il pour moi à satisfaire ces derniers si je n'avais reçu des autres une « légitimation » au fait que je sois et que je sois comme je suis ?

Oui, le monde de certains adolescents ressemble au désert de Gobi, à la jungle de l'Inde ou à la mer déchaînée au large du cap Horn décrits par Giono. Comment y survivre ? Comment n'y pas sombrer ? Quel viatique emporter ?

> Le désert de Gobi
> « Quand on va de Merv à Balkh, on traverse une étrange steppe désolée. Tout y est mouvant et indécis. Ne s'y hasardent que les hors-la-loi. Sables, rochers, dunes, marécages, rien n'y est défini, tout est indécis. Ce qui terrifie surtout, c'est l'imprécision. On préfèrerait être sûr de quelque chose, même de la mort, mais on n'est sûr de rien.
> Cette région n'a pas de nom.
> On y voit des fleuves qui changent de place : ils coulaient nord-sud, ils coulent est-ouest. Ou bien ils retournent à leur source, ou brusquement disparaissent presque sous nos yeux. »

Et Giono d'ajouter que la plupart des hommes embarqués dans cette région du désert de Gobi n'en reviennent jamais. Les seuls qui ne s'y perdent pas ? Ceux qui ont emporté avec eux un minuscule baluchon, « un petit paquet de toile grossière », où se trouve un parfum. Ce parfum – chacun ayant composé le sien avec de la rosée subtile venue d'un ciste, du musc et un peu de résine – sera un viatique, un guide, qui sauvera l'âme :

> « On pouvait très bien subsister dans ces espaces désolés : on y trouvait facilement une plante au petit feuillage rond, avec une fleur jaune microscopique, mais qui s'enracinait en d'énormes tubercules farineux, très comestibles, très nourrissants, ayant le goût d'artichaut ; quant à

> l'eau, il n'était pas de jour, même d'heure sans rencontrer quelque ruisseau en balade, ou un étang en train de se carapater, ou tout au moins une flaque. Mais l'âme ? [...] Ces prisonniers évadés se confiaient, aveuglément, à ces petits paquets de toile. C'était un parfum, un esprit. Ce viatique suffisait. Non seulement il suffisait, mais il était même absolument indispensable. »

Autre lieu où les repères se perdent : la jungle de l'Inde, métaphore là encore judicieuse tant certains jeunes, avant de trouver l'asile d'une MDA, ont eu l'impression de vivre dans une sorte de jungle.

> « Sous les Han, l'aristocratie chinoise se servait abondamment de parfums artistement agencés, surtout à l'époque de la chasse impériale. En temps normal, quelques grains d'anis et d'huile de coings suffisaient, mais quand rhinocéros et tigres surgissaient du noir des forêts ou du brouillard des marécages, quand il fallait se mettre "en frais, nus et sans armes" devant les bêtes féroces, [...] quand tigres, léopards, cerfs, sangliers, ours géants, pêle-mêle pourchassés, éclataient en griffes et dents, alors on avait vraiment besoin d'un parfum spécial pour "rappeler l'âme" [...]. Ce parfum spécial était combiné par des chimistes [...]. Leur pharmacopée a laissé des recettes : elles n'utilisaient que des poudres telluriques. Il s'agissait de piler et de mélanger du silex, du porphyre, du marbre, de la serpentine, du cristal de roche, et souvent des pierres dites communes. »

Et troisième espace décrit par Giono : la mer déchaînée au large du cap Horn, espace qui, comme l'écrit notre auteur favori avec humour, « ne prédispose pas à la franche rigolade »...

La mer au sud du cap Horn
« Là ce ne sont que tempêtes, tourbillons, diableries de fin du monde, neige, grêle, ouragans qui tournent dans le sens des aiguilles d'une montre autour des dépressions, mais en sens inverse autour des aires anticycloniques, avec de forts effets de mirages qui déforment même l'imaginable. » Dans ces lieux terribles, la plupart des bateaux sombrent très vite. Si on en a le temps, on met à la mer des chaloupes. Presque toutes « sont vite projetées comme des toupies vers l'inconnu », on ne les revoit jamais. Mais les marins des rares qui reviennent ont dit ce qui les avait sauvés : « Une odeur de baleine. Un parfum si violent, si épicé malgré les bourrasques qu'ils s'en retrouvèrent requinqués. Ils se mirent sur la piste de ce parfum, et furent sauvés. »

Évidemment, il ne s'agira pas de proposer à l'adolescent perdu de mettre dans son baluchon de la rosée, du musc, de la poudre de silex ou une odeur de baleine pour l'aider à trouver son chemin ! Non, les ingrédients que nous lui suggérerons d'y déposer, en un subtil alliage qu'il composera à sa singulière façon, seront : du rite, de la rêverie, du respect et ce je ne sais quoi, ce presque-rien que nous n'osons appeler l'« amour »…

De l'errance à la possible promenade

Car qu'est-ce qu'accompagner l'enfant dans son parcours singulier sinon l'aider à composer son propre viatique afin de le préparer à ce moment de la vie où son chemin ressemblera à une promenade ? Or, la promenade n'est ni marche forcée ni errance, elle se situe à juste distance de chacune des deux.

Que la marche forcée ne sauve pas toujours de l'errance

La promenade n'est pas la marche militaire. Quand bien même l'envie nous prendrait – parfois légitime, car imposer aux jeunes perdus la régularité d'un « rite » est souvent salvateur – de faire marcher les plus « difficiles » de nos enfants au pas, de leur assigner une place et un rythme dans la troupe[4], en somme, de leur imposer pour seul parcours de « mettre un pied d'vant l'autre, et d're-commencer », il est peu contestable que l'imposition d'un uniforme et d'une marche uniforme à tous les jeunes ne soit pas la meilleure façon d'être attentif à ce que chacun a de singulier…

Délicat euphémisme, ce jugement ne devant cependant pas nous conduire à oublier : 1) que la contrainte est parfois formatrice de la liberté ; 2) que la rencontre d'une autorité – de *augere,* qui signifie « augmenter » ; à distinguer du pouvoir, l'autorité étant légitime quand elle n'« augmente » pas que celui qui l'exerce, mais aussi celui sur lequel elle s'exerce – est parfois nécessaire au progrès vers l'autonomie ; enfin, 3) que la rencontre d'un maître-*magister* – à distinguer du maître-*dominus* : celui-ci fait couple avec le *servus* (l'esclave) quand celui-là forme un *discipulus* – peut être une chance pour l'adolescent. Il n'en reste pas moins que notre époque regarde la singularité comme ce qu'il faut

---

4. … où, comme l'on sait, « y'a pas d'jambes de bois. Y'a des nouilles, mais ça n'se voit pas »…

épanouir et non réduire – et ne saurait donc se satisfaire d'une formation-formatage.

Et ce qui distingue le parcours du promeneur de celui du soldat, c'est qu'il n'est pas totalement organisé à l'avance : son rythme est changeant (tantôt rapide, tantôt lent), il peut renoncer à certains objectifs si le temps qu'il fait ou sa propre fantaisie l'y invitent, il sait parfois prendre le temps de la latence, de la rêverie.

Si la promenade n'est pas la marche militaire, elle n'est pas non plus l'errance, où l'être en quête de son être, ne se connaissant pas assez pour savoir ce qu'il cherche, se perd douloureusement, de sorte que ses déplacements sont déterminés non par sa libre et joyeuse fantaisie, mais par ce que Freud nomme des « pulsions non élaborées en désirs » et Spinoza, ces « passions tristes » que sont la peur (de soi comme des autres), la haine (des autres comme de soi), le désespoir, la terreur, etc. L'errant n'est pas maître de son parcours et se cogne à des obstacles qui le rejettent et le blessent, il ne se promène pas, il est voué aux cauchemars décrits par Grimm et Perrault[5] plus qu'à la rêverie décrite par Bachelard. Jouet de ses pulsions, il est bien plus hétéronome[6] qu'autonome. S'enfermer dans sa chambre, comme les « hikikomori[7] », ou « galérer » dans la rue, ce n'est certes pas se promener dans la vie…

---

5. On pense aux frères du Petit Poucet…

6. Il reçoit sa loi *(nomos)* d'un autre *(heteros)* que lui.

7. Ce mot japonais désigne les adolescents qui jouent jour et nuit à des jeux vidéo, cloîtrés dans leur chambre. Leurs parents ne les aperçoivent plus que fugitivement, au moment des repas.

Bachelard parle de « la rêverie d'une conscience éveillée » et souligne que « la rêverie est une activité onirique dans laquelle une lueur de conscience subsiste ». Le promeneur est comme un dormeur éveillé, un rêveur lucide, qui maintient quelque chose de la conscience diurne dans la rêverie la plus imaginative.

Contrairement au soldat, il est ouvert à l'événement (lequel arrive sans prévenir, nous surprend plutôt que nous ne le comprenons) mais, contrairement à l'errant, il ne s'y perd pas. Son parcours est le plus humain des parcours, alors que la marche forcée et l'errance ont quelque chose d'inhumain. Le parcours singulier d'un adolescent est d'autant plus réussi que s'y équilibrent la ligne et la courbe, l'organisation et l'improvisation, la fidélité et l'accueil de la nouveauté, etc.

Alors, aidons nos jeunes à devenir en leur propre vie des promeneurs. Marchons avec eux, laissons-les parfois marcher seuls et, quand cela s'avère nécessaire, imposons-leur un rythme et un rite pour les sauver de l'errance.

Que nul ne naît fils de la liberté

Nous l'avons dit et voulons le redire : il ne faudrait pas qu'une attention obnubilée par l'irréductible singularité de chaque adolescent les prive du tracé parfois salutaire d'une route qui, par la rencontre d'une force respectueuse et structurante, les sauvera de leur propre violence. Il n'en reste pas moins vrai que le passage de la panique de l'errance à la soumission à la marche forcée ne vaut pas mieux que celui de Charybde en Scylla. C'est ce que suggéraient Kant et ses successeurs, parmi lesquels Fichte, dont la formule « Nul ne naît fils de la liberté » signifie que l'autonomie n'est pas un immédiat, mais chose qui se forme au fil du temps et que l'on ne saurait former seul. On parlera d'une « hétérogénie de l'autonomie », de sa genèse par et grâce à l'autre (et parfois contre lui, le « contre » étant une modalité du « par »). Ainsi, l'école nous semble être moins le lieu où l'enfant est censé jouir de son autonomie que celui où il doit la construire, ce que Kant suggérait de manière inoubliable dans son *Traité de pédagogie* de 1803[8] :

> « Un des plus grands problèmes de l'éducation est de concilier sous une contrainte légitime la soumission avec la faculté de se servir de sa liberté. Car la contrainte est nécessaire ! Mais comment cultiver la liberté par la contrainte ? Il faut que j'accoutume mon élève à souffrir que sa liberté soit soumise à une contrainte, et qu'en même temps je l'instruise à faire bon usage de sa liberté. Sans cela, il n'y aurait en lui que pur mécanisme ; l'homme privé d'éducation ne sait pas se servir de sa liberté. Il est nécessaire qu'il sente de bonne heure la résistance inévitable de la société, afin d'apprendre à connaître combien il est difficile de se suffire à soi-même, de supporter les privations et d'acquérir de quoi se rendre indépendant. »

Or, il nous semble que cette dialectique de la contrainte et de la liberté ne saurait se forger si les

8. E. Kant, *Traité de pédagogie* (1803), Paris, Hachette, 1981.

accompagnants des plus fragiles de nos enfants ne tentent pas d'équilibrer le respect et l'amour dans leur façon d'accompagner.

D'abord, parce que c'est souvent un éperdu besoin d'amour qui voue ces enfants à l'errance, à la perte de soi : qui nierait que seul l'amour peut convaincre qui en doute de sa dignité d'être ? Sachant qu'il aurait pu ne pas être et qu'il ne sera plus, l'homme souffre du syndrome du survivant : il a le sentiment d'une existence usurpée et sa question « Pourquoi moi ? » ne reçoit pas de réponse. De sorte qu'il est à la recherche d'une légitimation au fait qu'il soit, et soit comme il est. S'il la trouve, il regardera l'existence comme un cadeau. Et, s'il ne la trouve pas, comme un fardeau. Il aura alors peut-être envie de chanter avec Jane Birkin, grâce à Serge Gainsbourg : « Avec cette difficulté d'être, il aurait mieux valu, peut-être, ne jamais naître. » Or, quelle plus belle légitimation que celle apportée par l'amour ? Comme le chantait Jean Gabin sur les paroles de Jean-Loup Dabadie : « Le jour où quelqu'un vous aime, il fait très beau, j'peux pas mieux dire, il fait très beau ! On oublie tant de soirs de tristesse, mais jamais un matin de tendresse ! » L'amour, vu comme la célébration d'une existence, sa bénédiction, une façon de se réjouir que l'autre soit, n'est pas un luxe, ou alors il est le plus indispensable des luxes. Raison pour laquelle il faut renverser la pyramide de Maslow et se démarquer de Spinoza : le désir d'être aimé est plus profond que le désir d'être, et « conatusiser[9] » n'intéresse pas l'adolescent qui se sent délégitimé.

Mais qui ne voit aussi que les adolescents ne sont pas tous aimables, et que l'amour est si bien lié à la haine qu'il peut à tout moment se renverser en elle (amour/haine de soi comme des autres, proximité d'Éros et de Thanatos) ? Qui ne voit enfin ce que peut avoir d'intrusif l'accompagnant qui veut aimer ? Nous proposerons donc que le respect (plus froid, plus distant : « tenir en respect », c'est tenir à distance) vienne surveiller le besoin d'amour du jeune pour qu'il ne s'abîme pas en haine – qu'en somme le respect vienne « tenir en respect » la meute des pulsions et des passions qui menacent l'intégrité de son corps et de son âme.

Voilà les ingrédients que, selon nous, l'accompagnant doit aider l'adolescent perdu à mettre dans son baluchon pour qu'il devienne un peu le guide de sa propre vie : du rite, de la rêverie, de l'amour et du respect – selon un alliage à chaque fois singulier, car l'anorexique n'est pas le bipolaire, le toxicomane n'est pas l'hikikomori, etc.

Alors, progressivement, l'accompagnant pourra s'effacer et le jeune désorienté, qu'il soit « à l'ouest » ou qu'il ait « perdu le nord », se promener dans sa propre existence. La marche-loisir, c'est justement ce qui donne le loisir d'être, enfin ou à nouveau, disponible à l'essentiel : disponible au lieu, à l'autre et, au fond, à soi. Le marcheur est

9. Chez Spinoza, effort que fait tout être pour persévérer dans son être.

donc bien « un artiste de l'occasion », « un flâneur de circonstance », « le géographe des brindilles », « l'océanographe des flaques », comme dit David Le Breton[10]. La science de la marche est une « kaïrologie », une science du *kaïros*, c'est-à-dire du « moment opportun », de l'occasion propice. Elle redonne le sentiment d'exister.

10. D. Le Breton, *Éloge de la marche*, Paris, Métaillié, 2002.

La Maison des adolescents de Loire-Atlantique

Patrick Cottin

Ce livre est le résultat d'un séminaire organisé par le comité d'animation départemental de la Maison des adolescents de Loire-Atlantique (MDA 44). Les objectifs que les différents partenaires se sont fixés pour ce séminaire étaient de mieux comprendre les adolescents du XXIe siècle et les enjeux d'un accompagnement plus conforme à leurs attentes et à leurs besoins.

Il a été l'occasion de sensibiliser environ trois cents professionnels de l'adolescence aux positions de l'accompagnement, à la fois éthiques et pratiques, mais aussi aux difficultés des adolescents eux-mêmes. Les différentes thématiques abordées ont émergé d'une enquête réalisée en 2014 auprès des membres de notre comité, avant que la question de la radicalisation et des attentats ne surgisse dans nos environnements professionnels. D'ailleurs, cette nouvelle problématique résume bien ce à quoi nous sommes régulièrement confrontés, que j'appelle les symptômes de « l'air du temps ».

Ils nous obligent à rester en veille pour anticiper de nouvelles symptomatologies ou conduites à risque mais, surtout, pour comprendre le phénomène auquel nous avons affaire et bien le considérer : soit dans la liberté d'un sujet qui exprime ses choix de vie – si déroutants puissent-ils nous apparaître –, soit dans cette dimension du symptôme qui exprime une difficulté, une souffrance indicible autrement que par ce langage particulier.

L'enjeu de ce séminaire se situe bien au cœur des missions des MDA à l'endroit des adolescents eux-mêmes, qui sont de développer un accueil et un accompagnement inconditionnel, qualifié parfois de « non-abandon », mais aussi à l'endroit des professionnels qui les accueillent et les accompagnent, qui consistent à adopter vis-à-vis d'eux une position bienveillante…

Cette bienveillance à l'égard des jeunes et des professionnels nous amène à considérer la nécessité pour ces derniers de mieux comprendre les ressorts de l'adolescence ordinaire et les processus de construction identitaire, donc les besoins des adolescents.

Je tiens à remercier particulièrement et en premier lieu nos conférenciers, tous connus et reconnus dans leur discipline, qui nous ont sensibilisés aux questions de l'adolescence contemporaine. Puis tous ceux qui se sont exposés à venir présenter des vignettes cliniques, à nous faire partager les doutes, les questionnements qu'ont pu provoquer les rencontres avec un ou plusieurs adolescents dont les difficultés renvoient aux thématiques abordées. Je remercie également la journaliste Anne Le Pennec qui a fait le récit de ces débats, permettant à ce livre d'être concret et incarné et de pouvoir se lire au gré de l'intérêt du lecteur pour tel ou tel sujet.

Merci, enfin, aux membres du comité de pilotage, émanation du comité d'animation départemental de la MDA, qui ont pensé et construit ces deux années de séminaire. Ils représentent des institutions et des structures partenaires de la MDA : Marie-Christine Vidal pour l'Éducation nationale, Denis Pineau pour l'enseignement catholique, Jérôme Bouts et Nadia Baudoin pour les établissements de protection de l'enfance, Georges Picherot, pédiatre à la MDA 44 et au CHU de Nantes, Clémentine Gatineau pour la ville de Nantes, Jacqueline Lautrey pour l'École des parents et des éducateurs de Loire-Atlantique (EPE 44), Nathalie Thiétard pour le CSAPA-Oppelia, Jacky Goupil pour les établissements médico-sociaux et Daniel Denis pour le GIP.

Je n'oublierai pas un remerciement spécial à toute l'équipe de la MDA de Loire-Atlantique et particulièrement à Élise Alamome, assistante administrative et multimédia, pour l'organisation générale de ce séminaire, où le bon accueil de chacun et la convivialité ont été, je crois, très appréciés.

Présentation des auteurs

Emma BARRON est psychiatre, spécialisée dans la prise en charge des adolescents et des jeunes adultes. Chef de clinique à l'hôpital de la Pitié-Salpêtrière, à Paris, elle poursuit, dans la continuité de son travail de doctorat en médecine à la Fondation Vallée, l'analyse et la publication des données de l'enquête « Portraits d'adolescents » coordonnée par l'Inserm (2015).

Stéphane BLOCQUAUX est docteur et maître de conférence en sciences de l'information et de la communication au sein de l'équipe de recherche Mutanum (Mutations numériques, usages et médiatisations) de l'UCO à Angers et chercheur associé au Lampa (Arts et métiers ParisTech, équipe de recherche Présence et Innovation).
Ses travaux les plus récents concernent l'éducation au virtuel, dans cette période où la fracture numérique est une question d'ordre générationnel plus que d'ordre économique. Site : http://www.blocquaux.fr

Mireille COSQUER est psychologue clinicienne et statisticienne pour le Centre de recherche en épidémiologie et santé des populations (Inserm U1178), au centre hospitalier la Fondation Vallée, à Gentilly. Elle a également beaucoup publié dans le domaine de la cancérologie (données d'enquêtes multicentriques concernant la qualité de vie).

Patrick COTTIN est directeur de la Maison des adolescents de Loire-Atlantique (MDA 44). Travailleur social et sociologue de formation, il est membre fondateur de l'Association nationale des Maisons des adolescents (ANMDA), qu'il a présidée jusqu'en 2018. Il en est aujourd'hui président d'honneur et président du conseil des partenaires. Il est aussi membre du Haut Conseil de la famille, de l'enfance et de l'âge.

Jean-Pierre COUTERON est psychologue clinicien. Il exerce au Centre de soins, d'accompagnement et de prévention en addictologie en ambulatoire (CSAPA) Le Trait d'union (association Oppelia, Boulogne-Billancourt). Il est président de la Fédération Addiction depuis 2011 et a participé à la conception et à la mise en place des Consultations jeunes consommateurs (CJC). Il est l'auteur, entre autres, avec Alain Morel, des *Conduites addictives. Comprendre, prévenir, soigner* (Dunod, 2008) ; avec Alain Morel et Patrick Fouilland, d'*Addictologie* (Dunod, 2e éd., 2015) ; et, avec Muriel Lascaux et Aude Stehelin, d'*Adolescents et cannabis. Que faire ?* (Dunod, 2017).

Dominique DEPENNE est un ancien éducateur spécialisé, docteur en sociologie politique, aujourd'hui enseignant-formateur au campus des métiers du social Buc-Ressources (Yvelines). Il est l'auteur, entre autres, d'*Éthique et accompagnement en travail social* (ESF, 2012, 2017), de *Distance et proximité en travail social* (ESF, 2013, 2017), et coauteur, avec

Martine Trapon et Michel Chauvière, de *Dialogue sur le génie du travail social* (ESF, 2018).

Éric FIAT est philosophe et professeur à l'université Paris-Est-Marne-la-Vallée. Il est l'auteur d'*Ode à la fatigue* (L'Observatoire, 2018) et, avec Adèle Van Reeth, de *La pudeur* (Plon, 2016).

Patrice HUERRE est psychiatre et psychanalyste. Il est coordinateur national de la pédopsychiatrie du groupe Clinéa et président de l'Institut du virtuel Seine Ouest (1VSO). Il a coécrit, avec Pascale Leroy, *L'absentéisme scolaire. Du normal au pathologique* (Hachette, 2006, Fayard, 2010) et, avec François Robine, *Lieux de vie : ce qu'ils disent de nous. La révolution des intérieurs* (Odile Jacob, 2017).

Philippe JEAMMET est pédopsychiatre et psychanalyste, professeur émérite de psychiatrie de l'enfant et de l'adolescent et président de L'École des parents d'Île-de-France. Il est l'auteur de nombreux ouvrages, parmi lesquels *Pour nos ados, soyons adultes* (Odile Jacob, 2008, Odile Jacob poches, 2010) et, avec Denis Bochereau, de *La souffrance des adolescents. Quand les troubles s'aggravent : signaux d'alerte et prise en charge* (La Découverte, 2007).

Catherine JOUSSELME est professeure de psychiatrie de l'enfant et de l'adolescent à l'université Paris-Sud, chef de service du pôle universitaire de la Fondation Vallée, à Gentilly, un centre hospitalier dédié à la pédopsychiatrie. Elle est aussi chef du pôle enseignement-recherche de son service, en lien avec le Centre de recherche en épidémiologie et santé des populations (Inserm U1178), au sein duquel elle développe de nombreuses recherches, entre autres sur le vécu des parents d'enfants malades, sur le processus d'adolescence aujourd'hui (enquête épidémiologique multicentrique « Portraits d'adolescents ») et sur l'estime de soi et la créativité à l'adolescence. Elle est l'auteure de nombreux ouvrages, parmi lesquels *Comprendre l'enfant malade* (Dunod, 2014), *Le développement psychologique de l'enfant* (Nathan, 2014) et, avec Jean-Luc Douillard, *À la rencontre des adolescents* (Odile Jacob, 2012).

Martin JULIER-COSTES est docteur en socio-anthropologie, chercheur à l'université de Bourgogne et au CNRS (UM 7366). Ses recherches portent sur le traitement social de la mort (fin de vie, rites funéraires, deuil), les soins palliatifs pédiatriques, la mort à l'école et la place du numérique dans le deuil. Depuis fin 2016, il est responsable scientifique d'une recherche-action sur l'expérience des orphelins et leur accompagnement, financée par la fondation d'entreprise OCIRP. Il est également formateur pour travailleurs sociaux et collabore à la *Revue de socio-anthropologie de l'adolescence* (http://revue-rsaa.com/).

Muriel LASCAUX est docteure en psychologie. Elle exerce comme psychologue clinicienne au CEAP-Centre Monceau (Paris 17e), est enseignante à l'Institut d'enseignement à distance (IED) de Paris-VIII et psychothérapeute en libéral. Spécialisée dans l'accompagnement individuel et familial des adolescents présentant une problématique addictive, elle a travaillé plus de dix ans au sein de différentes Consultations jeunes consommateurs : CSAPA de Mantes-la-Jolie, rattaché au centre hospitalier de

Versailles (78) ; Centre Émergence, rattaché à l'Institut mutualiste Montsouris (Paris 14e), CSAPA Pierre-Nicole de la Croix-Rouge française (Paris 5e). Elle est coauteur, avec Jean-Pierre Couteron et Olivier Phan, du *Manuel PAACT. Processus d'accompagnement et d'alliance pour le changement thérapeutique* (Fédération Addiction, 2014) et, avec Jean-Pierre Couteron et Aude Stehelin, d'*Adolescents et cannabis. Que faire ?* (Dunod, 2017).

Anne LE PENNEC est journaliste scientifique, spécialiste des questions de santé. Elle collabore régulièrement aux revues *L'école des parents* et *Éducation santé*. Elle écrit également pour le magazine *Petit Gibus*. Elle est l'auteur, avec le Dr Sylvie Royant-Parola, de *Quoi de neuf sur le sommeil ?* (Quæ, 2018).

Léonard LORIMY est psychiatre et pédopsychiatre. Praticien hospitalier, ancien assistant à la Fondation Vallée après y avoir été interne, il poursuit, dans la continuité de son travail de doctorat en médecine, l'analyse et la publication des données de l'enquête « Portraits d'adolescents » coordonnée par l'Inserm (2015). Il exerce également en libéral à Paris.

Daniel MARCELLI est pédopsychiatre et professeur émérite de psychiatrie de l'enfant et de l'adolescent, ancien chef du service de psychiatrie infanto-juvénile du CHU de Poitiers. Il est président de la Société française de psychiatrie de l'enfant et de l'adolescent et des disciplines associées (SFPEADA) et président d'honneur de la Fédération nationale des écoles des parents et des éducateurs (FNEPE). Il est l'auteur, entre autres, d'*Avoir la rage. Du besoin de créer à l'envie de détruire* (Albin Michel, 2016) et, avec Guillemette de La Borie, de *Tracas d'ados, soucis de parents* (Albin Michel, 2002). Il est directeur de la collection « L'école des parents » chez érès.

Maela PAUL est docteure en sciences de l'éducation et formatrice. Elle est l'auteure, entre autres, de *La démarche d'accompagnement* (De Boeck, 2016) et de *L'accompagnement : une posture professionnelle spécifique* (L'Harmattan, 2004). Site : www.maela-paul.com

Jean-Pierre ROSENCZVEIG est magistrat honoraire, ancien président du tribunal pour enfants de Bobigny (93), membre du collège Défense et promotion des droits de l'enfant du Défenseur des droits et du bureau du Conseil national de la protection de l'enfance (CNPE). Il est aussi président de l'association Espoir-CFDJ (Centres familiaux de jeunes) et de l'Association des citoyens réservistes de l'Éducation nationale (ACREN). Il est l'auteur, entre autres, de *La justice et les enfants* (Dalloz, 2013) et de *Rendre justice aux enfants* (Le Seuil, 2018).

Table des matières

Revue *L'école des parents*

Publiée par la FNEPE (Fédération nationale des écoles des parents et des éducateurs) en partenariat avec les éditions érès, la revue *L'école des parents* constitue un support privilégié de réflexion et d'analyse des transformations sociales affectant la vie familiale. Qu'il s'agisse de soucis quotidiens, de la scolarité, de problèmes de couple, de la relation avec un adolescent, tous les moments de la vie éducative peuvent être sources d'interrogations, d'angoisse, de tristesse, de mal-être. Au plus près des interrogations des professionnels et des parents, chaque numéro propose un dossier qui s'appuie sur l'analyse de spécialistes et de chercheurs, et sur des expériences de terrain, ainsi que des rubriques d'actualité concernant l'enfance, l'adolescence, la parentalité. Chaque thème est abordé sans dogmatisme et avec un souci de lisibilité grâce à une mise en page vivante et illustrée.

Directeur de la publication : Michel Wawrzyniak

Directrice de la FNEPE : Alexandra Christides

Rédactrice en chef : Anne Lanchon

Comité de rédaction : Adriana Bagnulo,
Jean Chambry, Alexandra Christides,
Sylvie Companyo, Virginie Gazon, Bruno Jarry,
Anne Lamy, Anne Lanchon, Anne Le Pennec,
Noémie Offret, Blandine Sagot, Régine Scelles,
Michel Wawrzyniak

Numéros 2018 :
N° 626 : La sexualité des ados à l'heure d'Internet
N° 627 : Le traumatisme chez l'enfant et l'adolescent
N° 628 : Parentalité et santé
N° 629 : Le boom des écoles alternatives

Pour vous abonner ou vous procurer les anciens numéros :
www.ecoledesparents.org

La Charte du réseau
des Écoles des parents et des éducateurs

Un réseau d'associations au service des parents, des jeunes, des familles et des professionnels qui œuvrent dans une démarche de prévention et de coéducation.

Les finalités

Dans le champ du soutien à la parentalité, le réseau des Écoles des parents et des éducateurs allie recherches théoriques, réflexions, expérimentations et pratiques concrètes au regard des besoins sociaux et des attentes de l'ensemble de ceux avec qui il travaille :

- **Contribuer** à rendre acteurs de leur vie les parents et les jeunes, en renforçant leurs ressources propres et leurs compétences personnelles, quelle que soit leur situation sociale, culturelle ou professionnelle ;
- **Accompagner** le développement de l'enfant et de l'adolescent ;
- **Faciliter** le lien des familles à leur environnement ;
- **Favoriser** le dialogue dans le groupe familial ;
- **Accompagner** les moments de crise dans la famille ;
- **Mettre en relation** les parents et les professionnels de l'éducation et du secteur sanitaire et social ;
- **Participer** à la formation des partenaires de l'éducation et du secteur sanitaire et social confrontés aux mutations complexes et profondes du groupe familial et de son environnement.

Les valeurs

Le réseau des Écoles des parents et des éducateurs fonde son action sur un système de valeurs – laïcité, neutralité politique, liberté, démocratie – et sur la reconnaissance des compétences et des potentialités de chacun dans le respect de sa singularité.

Le réseau des Écoles des parents et des éducateurs intervient dans le champ de l'éducation, entendue comme l'ensemble des savoirs, savoir-faire et savoir-être favorisant le développement de l'enfance à l'adolescence et à l'âge adulte. Il accompagne l'ensemble des acteurs intervenant dans la relation éducative, parents, enseignants, travailleurs sociaux et jeunes eux-mêmes dans cette coélaboration de l'autonomie et de la responsabilité qui permettent l'avènement de la citoyenneté. Il contribue à ce titre à la réflexion sur le rôle des relations intergénérationnelles.

La Fédération nationale
des Écoles des parents et des éducateurs

Accompagner la parentalité et la soutenir pour que chacun, enfant et adulte, s'épanouisse au sein de la famille, quelle que soit sa configuration.

La fédération accompagne la création et le développement des EPE, les rassemble et les représente en France.

La FNEPE est une association loi 1901, reconnue d'utilité publique agréée association de jeunesse et d'éducation populaire, complémentaire de l'enseignement public. Par les Écoles des parents et des éducateurs qu'elle fédère. C'est une association de services aux familles et aux éducateurs avec une pluralité de moyens. Par son action de terrain, elle est un observateur des transformations sociales affectant la vie familiale et les demandes du public. Par son expérience et l'ensemble des professionnels de son réseau, elle bénéficie d'une légitimité qui en fait un acteur majeur du domaine de l'éducation et de la famille.

Ses missions :

- **Soutenir** et accompagner le développement des EPE par l'organisation de colloques, de journées de réflexion, de formation, de mutualisation.
- **Valoriser** la pratique et l'expertise de son réseau et de son conseil scientifique auprès des pouvoirs publics et d'un large public, par des contributions orales et écrites.
- **Participer** au débat public sur les sujets concernant la famille, l'enfance, le soutien à la parentalité, l'éducation, la jeunesse et le social.

- **Mobiliser** des partenaires sur les actions des EPE et sur les projets de la fédération.
- **Mettre en œuvre** des expérimentations et des recherches pour analyser les pratiques et les faire évoluer.
- **Conseiller** les collectivités territoriales sur la mise en place de politiques de soutien à la parentalité et à la jeunesse.
- **Faire partager** sa réflexion en termes d'éducation et de soutien à la parentalité en organisant des colloques et en éditant la revue *L'école des parents*.

Collection
« L'école des parents »
Déjà parus

Sous la direction de
Frédéric Tordo et Serge Tisseron
Avec Anne Lanchon
Robots, de nouveaux partenaires de soins psychiques

Les robots ne se contentent pas de capter et de traiter des informations : ils interagissent avec leurs utilisateurs, et certains sont même capables de parler. Ces caractéristiques sont au cœur de l'intérêt qu'ils suscitent en santé mentale, notamment pour les troubles du spectre autistique et les pathologies liées au vieillissement. Mais, en communiquant avec nous, les robots peuvent aussi créer l'illusion qu'ils se soucient de nous, alors qu'ils demeurent des machines à simuler, sans émotion ni douleur, connectées en permanence à leur fabricant à qui ils transmettent les données de nos vies personnelles. Les robots peuvent-ils devenir des auxiliaires thérapeutiques ? Cet ouvrage fait le point sur les recherches scientifiques actuelles concernant les robots au service des patients, et leurs implications éthiques. Il pose dès aujourd'hui la question : quels robots voulons-nous pour demain ?

Jocelyn Lachance

Les images terroristes

La puissance des écrans, la faiblesse de notre parole

À l'échelle individuelle, nous sommes nombreux à nous sentir démunis face à la puissance d'une organisation terroriste dont les adeptes sont prêts à mourir pour répandre le sang et la terreur. Que les champs de bataille nous paraissent lointains ou que l'épicentre du drame se déclare dans notre ville, les coups de feu retentissent dans nos foyers chaque fois que l'horreur envahit nos écrans. Sur le registre de l'imaginaire, nous sommes tous victimes du terrorisme. Dans ce monde submergé de photos et de vidéos diffusées par les populations victimes elles-mêmes, que pouvons-nous faire pour résister et protéger les plus jeunes de cette entreprise de terreur ? Cet essai propose une lecture de ce combat que nous perdons chaque fois que nous abandonnons notre imaginaire à l'ennemi.

Sous la direction de Daniel Marcelli

Avec Anne Lanchon

L'enfant, l'animal,

une relation pleine de ressources

L'animal familier est un compagnon privilégié pour l'enfant dès son plus jeune âge. Il partage avec lui ses jeux, ses moments de joie et de tristesse, ses découvertes motrices et sensorielles. Les récentes découvertes des neurosciences, de la psychologie et de l'éthologie montrent qu'il participe à sa sécurité affective et contribue à son développement émotionnel, affectif, cognitif et social. À l'adolescence, âge traversé par de multiples turbulences, il se révèle un ami précieux, fidèle et indulgent. Chiens, chats, poneys, chevaux… les animaux sont susceptibles de devenir également des partenaires de soins, auxiliaires subtils des thérapeutes et des éducateurs pour les enfants souffrant de handicaps physiques, mentaux ou psychiques. À partir de leurs expériences professionnelles et personnelles, les auteurs, réunis à l'initiative de *L'école des parents*, explorent cette relation unique entre l'enfant et l'animal qui occupe une place importante dans nos vies et dans notre imaginaire, comme en témoignent les nombreuses figures animales dans la littérature jeunesse.

Sous la direction de Daniel Marcelli
Avec Anne Lanchon
Les nouveaux objets transitionnels
Du doudou de Winnicott à l'iPhone de Jobs

Il y a soixante-cinq ans, Donald W. Winnicott présentait à la Société britannique de psychanalyse son célèbre exposé sur les « objets et phénomènes transitionnels » qui allait bouleverser l'accompagnement psychologique du tout petit enfant… et l'économie du jouet. Aujourd'hui, les parents achètent le précieux « doudou » que l'enfant est censé « trouver-créer » dans son environnement immédiat pour, entre autres, apprivoiser l'absence de la mère (du père, des parents…). Ces nouveaux objets transitionnels, surinvestis par les adultes (parents et professionnels), jouent-ils toujours leur rôle initial ? Que disent-ils de la fragilité de nos liens ? Les objets numériques (téléphones portables, jeux vidéo, robots…) qui nous relient les uns aux autres et meublent notre solitude sont-ils les doudous d'aujourd'hui ? Ou des objets-fétiches, si l'on en croit notre dépendance à leur égard ? Psychiatres, psychologues, psychanalystes, sociologues, philosophe et puéricultrice revisitent le concept de Winnicott à l'ère de la marchandisation et des nouvelles technologies.

Sous la direction de Daniel Marcelli
Avec Anne Lanchon
Adolescents en quête de sens
Parents et professionnels
face aux engagements radicaux
La question du sens est au cœur de l'adolescence et vient faire rupture avec l'enfance. Les adolescents ont un besoin impérieux de donner un sens à leur vie et recherchent, pour cela, des engagements forts : citoyens, religieux, artistiques… Les adolescents vulnérables, parfois relégués du système scolaire ou sans espoir de réussite sociale, en rupture avec les valeurs familiales ou sans étayage parental, trouvent parfois ce sens dans des engagements radicaux. Comment travailler avec eux cette question de la citoyenneté et du sens, et prévenir les dérives potentielles ? Comment aider leurs parents et les professionnels qui les entourent ? Les auteurs analysent les multiples raisons individuelles ou sociales qui peuvent inciter un jeune à se tourner vers le radicalisme. Ils repèrent les principales étapes de ce processus afin d'agir quand il est encore temps.

Achevé d'imprimer en octobre 2018 par Corlet Imprimeur — 14110 Condé-en-Normandie
Dépôt légal : octobre 2018 — N° d'imprimeur : 195203 — *Imprimé en France*